成交的艺术

杨响华
著

中信出版集团 | 北京

图书在版编目（CIP）数据

成交的艺术 / 杨响华著. -- 北京：中信出版社，2021.5
ISBN 978-7-5217-2807-1

Ⅰ.①成… Ⅱ.①杨… Ⅲ.①销售—语言艺术—通俗读物 Ⅳ.① F713.3-49

中国版本图书馆 CIP 数据核字（2021）第 030012 号

成交的艺术
著　　者：杨响华
出版发行：中信出版集团股份有限公司
　　　　（北京市朝阳区惠新东街甲 4 号富盛大厦 2 座　邮编　100029）
承　印　者：三河市科茂嘉荣印务有限公司

开　　本：880mm×1230mm　1/32　　印　张：7.25　　字　数：138 千字
版　　次：2021 年 5 月第 1 版　　　　印　次：2021 年 5 月第 1 次印刷
书　　号：ISBN 978-7-5217-2807-1
定　　价：59.00 元

版权所有·侵权必究
如有印刷、装订问题，本公司负责调换。
服务热线：400-600-8099
投稿邮箱：author@citicpub.com

目 录

序一
生命的成交 / V
序二
只做有结果的销售 / IX
前言
成交高手，让成交像呼吸一样自然 / XVII

第一章
关于成交的正确认知

关于认知 / 004
对成交的正确认知 / 018

第二章
成交高手的十大成交秘诀

痛点成交法 / 032

超级赠品成交法 / 045

高价值成交法 / 048

阶梯式成交法 / 051

零风险成交法 / 054

节假日成交法 / 060

转介绍成交法 / 066

免费成交法 / 073

资源整合成交法 / 076

爱与责任成交法 / 081

第三章
以成交为本的专业化流程设计

爆品思维 / 092

专业就是"流程+工具" / 094

面对面销售流程设计 / 098

线上专业化销售流程 / 129

第四章
成交的最高境界是让客户追着你成交

成交的王道：一切成交都是为了成就客户的梦想 / 150
任何违背道德和良知的成交，都是自掘坟墓 / 153
让爱和喜悦成为成交的主色调 / 160

第五章
真正的销售是从成交之后开始的

获取一个新客户的成本，是维护老客户的成本的 6 倍以上 / 166

第六章
成交是人生最深刻的修行

人生就是一个不断成交自己的历程 / 174
花若盛开，蝴蝶自来 / 177
成交高手的自我修炼 / 188
人生是一个不断修行的过程 / 202

结语
不被嘲笑的梦想不值得追求 / 203

序一
生命的成交

自改革开放以来，销售成交一直都是时代的热门话题，各种关于销售成交的理论、方法不断推陈出新。20世纪80年代，戴尔·卡耐基的成功学风靡全国，《人性的弱点》《人性的优点》等著作成为销售人员的必读书。到20世纪90年代初，日本的原一平，美国的乔·吉拉德等闻名世界的销售大师进入国人的视野。2010年以后，随着国学热的兴起，各种本土销售思想百家争鸣。可以说，国人在消化吸收了西方销售成交思想的基础上，开始基于自己的文化和实践，探寻中国人的销售思想和成交之道。杨响华博士就是其中的一位佼佼者。

杨响华博士是一位从实战中走出来的销售高手，我愿称其为销售界的思想家，甚至哲学家。杨博士起初是平安人寿的一名普通的保险推销员。几乎和所有的保险销售员一样，他也经历了各种磨砺，也曾经想过放弃。但是，一种出人头地、干出一番事业的雄心壮志激励着他坚持了下来，并使他在销售实践中不断观察、思考、钻研、实践，最终快速成长为平安人寿晋升最快的业务总监之一。他始终奉行付出、共赢的理念，把自己的所思所得悉心传授给团队成员，培养出了一大批销售高手，并有多人荣获平安人寿深圳分公司各渠道的销售冠军。

为了让更多的人认识销售，正确地掌握销售技巧，快速取得销售业绩，杨博士又将自己的销售心得著书立说，并立志要出版 50 本销售方面的书籍。截至目前，杨博士已经出版了 6 本著作并均为畅销书。

我和杨博士的相识是一种缘分。去年 8 月份，杨博士参加了我的《绝对增长》公开课，我们得以相识。也许是惺惺相惜，我们一见如故。后来，我了解到杨博士创办了华派饭局而且发展势头极好，并获得了时代伯乐的天使轮投资。春节后，我也有幸被杨博士聘请为华派饭局的高级顾问和荣誉会员。

我从事咨询策划近 30 年。这 30 年来，我和企业家的交往大致分为三个阶段。第一个阶段，我称为交易阶段。这个阶段的焦点在于解决企业家的问题。到了第二个阶段，我们就成为朋友，我称之为情义阶段。在这个阶段，联系我们的就不再是如何解决问题，而是共同的兴趣和爱好。第三个阶段是思想交流。这个时候我们已经较少谈论企业问题了。偶尔在一起小酌，聊聊国际形势，彼此已经心照不宣了。和杨博士的交往大致也遵循着这三个阶段。因为杨博士本身就是我心目中的销售思想家、销售哲学家。这集中体现在他的第七本著作，即《成交的艺术》这本书中。所以，当杨博士邀请我为这本新书写序的时候，我欣然答应。

本书第一章探讨对成交的正确认知。杨博士强调，成交首先是认知问题，其次是态度问题和行为问题。他还给出了一个成交的公式。在这个公式中，认知占到40%的比重。杨博士告诉我们，只要认知到位，且态度和方法得当，成交就是自然而然的事情了。杨博士在本章所要达到的目的，就是改变大家对成交的认知，进而改变大家的成交行为和结果。这体现了这本书的实战性。

在第二章，杨博士分享了十大成交秘诀，其核心是经营客户的动力。这个动力就是欲望和恐惧，即人性。这十大秘诀也是经营人心的方法，是具有普适性的，既可应用于销售成交，也可应用于人际交往、婚姻家庭等，都会产生奇效。

在第三章，杨博士指出销售是一个环环相扣的过程，所有的流程设计都应该为成交服务。这个流程不是一个具体的、可视化的操作流程，而是一个经营人心的流程。这个流程经营人的身、心、灵三个方面，以及人的安全感、关心感、尊重感、支持感、贡献感、趣味感六个维度。如果说第二章讲的是经营人心的十大方法，这一章讲的就是经营人心的流程体系。把两章对照起来阅读，我们一定对人性会有更深刻的洞察，也更能掌握十大秘诀的真意。

在第四章，杨博士把成交从哲学、人性上升到了艺术高度，即成交的最高境界是让客户追着你成交。这个境界的核心是成就客户的梦想；这个境界的主色调是爱与喜悦；这个境界的成交是以爱心为起点，以欢心为目的地，用真心付诸行动。

在第五章，杨博士认为，成交是一个生命体。要成为成交高手，就要不断修炼自己，实现自我成长。这样才能感悟到成交这一生命体的生命气息，最终做到人剑合一，心中无剑，手中亦无剑，进入化境。

我在30年的策划咨询实践中，将企业经营哲学分为三个层次：实事求是、实事求效、实事求道。不同的思维引起不同的结果。实事求是就是要尊重现实，而实事求效则是既要尊重现实，更要创造变革。当企业家达到实事求道的境界时，会有一个高质量的生命，会在这个世界上活得更潇洒，活得更自由，活得更崇高和伟大。

我欣喜地看到，杨博士的这本《成交的艺术》，就是基于"实事求道"进行成交，进而提升生命质量的成交秘籍。

王克

中国企业联合会管理咨询委员会副主任

中国企业发展规划院院长

明天创投集团董事长兼总裁

序二
只做有结果的销售

销售是一种以结果论成败的游戏，目的只有一个，那就是成交。成交高于一切。不以成交为目的的销售，实际上是对公司资源的浪费，也是对你自己时间的浪费。

销售就像谈恋爱，成交就像结婚！

销售的过程其实跟恋爱的过程非常相似。首先要有一个目标，如同恋爱先要有一个对象，有了对象，你就要去研究对方、了解对方。接下来你要去约访对方，电话约访或者微信约访，之后再见面，见面以后要做需求分析，要了解对方有什么想法，然后持续跟进，努力促成。这需要一个过程，最后结婚——成交。如果前面的步骤都做得很好，最后你没有做成交的动作，她就成了别人的新娘，你前面这个过程就浪费了。这样的结果会让你很痛苦,因为你所爱的人成了别人的新娘。如果你不成交,对方就会被别人成交。所以我们一定要把心理障碍打破,一定要记住:销售不成交,一切等于零!

成交的三大障碍:不敢、不会、不急

实践中成交有三大障碍:一是不敢成交;二是不会成交;三是不急于成交。

不敢:患得患失

有本书叫《别输在不敢提要求上》,书中说:"每个人的心中都住着一个腼腆、害羞、含蓄、不好意思的自己。我们常常口是心非,明明心里很想要某件东西或者达成某种愿望,但就是不愿意说出来,非要等着别人猜到我们在想什么,然后主动把我们想要的给我们。然而,别人不是我们肚子里的蛔虫,读不懂我们内心的九曲十八弯。"之所以不敢提要求,不敢成交,主要是因为患得患失,怕提出来反而没有机会成交。

我们大都经历过这么一个过程:觉得这个客户应该可以出一个大单,觉得应该精心维护,所以一直不敢有成交的动作。因为怕提了要求以后,就会失去这一单。在销售的过程中,如果你不做成交的动作，最后就会出问题。

我的团队里有一个女主管，她的一个客户是她的老乡，都是广东人。这位客户是一个做工程项目的老板，经济条件非常好，待人和善，跟她聊得也很投机。她觉得这是一个大客户，所以一直不跟他讲销售保险方面的事情，也不去了解他的保险需求，只是凭感觉觉得这个人应该可以成交。她不敢提要求，想等到中秋节的时候去他家里拜访时再聊。快到中秋节的时候，她带着礼品到这位准客户的家。她下决心这次一定要跟他讲保险。到客户家里以后，她发现了一件非常令人尴尬的事：这位准客户的太太也在我们公司上班，而且是一名非常优秀的业务员。就是因为她不敢，患得患失，最后才闹了笑话。

不是只有最后成交那一刻才叫成交，在销售的每一个环节，你都要去"成交"，使每个步骤都离成交更近。

比如，你给客户做需求面谈，也是成交。我经常说，保险是销售当中最难做的一种，保险是世界上唯一一种在你需要的时候买不到的商品，你必须在不需要的时候买它。

只做有结果的销售，但不一定是成了单才叫有结果，学会放弃也是一种结果。

不会：新手上路，刻意练习

有些人是新手，有些人可能是有一定经验的业务员，但成交水平一直没提升。做销售跟做任何工作都是一样的，并不是你做的时间越长水平就越高，关键在于你在工作期间有没有刻意提升你的成交技术。有些人工作10年跟别人工作一年、半年的结果是一样的，为什么？因为他们犯了很多次同样的错误，从来没有去提升自己的成交水平。

所以，要想成为高手，你一定要学会刻意练习。

不急：拖延，不自信

拖延的表现是，一件事情，无论这件事情是否紧迫，只要没到心里设定的时间界限，都会被无限制地拖下去。我们拖时间，拖进度，拖一切可以被拖延的。我们在拖延的时候常常会这样想：时间还早，等一等再去完成吧。

其实，所有的拖延都源于不自信。一是对自己不自信，二是对公司不自信，三是对自己卖的产品不自信，甚至对行业不自信。我们会有一种"不急，慢慢来，生米总会煮成熟饭"的想法。

有些人做销售，跟一个大单跟了一两年也不着急，最后自然被别人成交了。现在每个行业的销售竞争都非常激烈，如果你上午不成交，下午他就可能成了别人的客户，保险销售就是这样。化妆品销售也是这样，今天你不向她卖化妆品，明天可能就有一个化妆品公司的销售员和她成交了。所以，**一定要敢于成交，不要患得患失，不要拖延。**

销售的每一个步骤都必须要有结果

只做有结果的销售，是指销售的每一个步骤都必须要有结果。

销售是有步骤的，传统的销售有7个步骤：一是列名单；二是电话约访；三是销售面谈；四是成交面谈；五是递送合同；六是转介绍；七是异议处理。异议处理是所有环节中都存在的。完整的销售流程是一个闭环，是环环相扣的。如果销售越做越辛苦，那是因为没有领会销售的精髓，在销售的某些环节上掉链子了。

高手沟通的过程都是万变不离其宗的，简单破冰结束后一定要直奔主题。我们跟客户的时间同样宝贵，跟准客户第一次见面一定要聊保险相关的话题，要了解对方有没有买过保险以及对保险的态度。

我曾讲过"黄金五问"：我们首先要破冰，要寒暄，要赞美。破冰一定要在三五分钟之内结束，接着直奔主题。

比如：

"李总您好！请问您来深圳多少年了？"

"我来深圳有5年了。"

"您来深圳5年，现在事业做得这么成功，请问您身边有没有像我这样的保险代理人？"

他说："认识很多。"

"冒昧地问一下，您买保险了吗？"

如果他说"买了"，那么可以问问他："您对您的保险代理人的服务满意吗？"

如果他说一般，那么可以问他："为什么您觉得一般？您期待的满意的服务是什么样的？"

提问，是为了帮助我们找出问题。

接下来再问："您清楚您的保障利益吗？"

他可能不是很清楚。

可以这样跟他讲："您的医疗险里面能不能报销进口药？能不能报销自费药？"假设他生病了，你问他保险公司能够赔他多少钱。这些问题，你一问，客户就蒙了。

也可以这样讲："您是做生意的，您的受益人写的是太太还是孩子？如果您写的是太太，那么我们来做一个假设：如果有一天您走了，虽然您很爱您的家人，但是这个钱您太太可能拿不到，因为这笔钱属于夫妻共同财产，赔给您太太以后，您太太还要拿它去还债，所以，如果您真的爱您的太太，受益人就不应该写您太太，而是应该写您的孩子。受益人是可以改的，万一有一天您碰到大灾大难，这笔钱就赔给了孩子，可以不用于还债。这笔钱其实还是由您太太掌控，所以能够真正帮到您。"

客户明白了，原来不同的受益人之间有这么大的区别。

我们和客户沟通，难免会引发客户的一些担忧，最后客户会拿出他的保单来给你看，我们就离成交更近了一步。我基本上见两次面就能签单，甚至见一次面就能签单，原因就是每个步骤都有结果。

只做有结果的销售，不是说一定要有好的结果，成交或者放弃一个准客户都是结果，而且同样重要。我们也要学会放弃不合适的客户，或者代价太高的客户。

前言

成交高手，让成交像呼吸一样自然

见了 4 次面，签了 3 次单

不久前，我跟一个负责社交社群培训的老师聊天，我说："我最近要出《成交的艺术》这么一本书，我接触了太多的销售人员，发现他们挺能聊天，是典型的聊天专家，可就是不会成交。不会成交是销售人员的灾难，不少销售人员的日子过得十分艰难。因此，我想出一本关于成交的书，相信这本书一定能帮到他们！"

他说："杨老师您太厉害了，我记得去年我们见了 4 次面，我就和您签了 3 次单，并且我还很开心。"

如何做到让成交像呼吸一样自然呢？其实你的初心很重要，那就是你是否真的爱客户。销售是以爱心为起点，以欢心为目的，用真心付诸行动。

首先，相信我的公司，相信我的产品，相信我自己；然后站在客户的立场,为客户提供最具性价比的解决方案。

我相信保险是一个代表爱和责任的产品。当风险来临的时候,比如说,当一个家庭中有人得了大病时,有保险和没保险的区别是非常明显的。

2019年12月,我的一个患癌两年的客户不幸去世了。两年来,保险公司给他赔付了医疗费97万元、重大疾病保险51万元、死亡赔偿金50万元,一共接近200万元。他是深圳户口,有社保,在这两年治病期间没有花家里一分钱,最后留给家里的现金有将近100万元。客户去世后,客户太太还特地发信息来感谢我和我爱人(我爱人也是做保险的)。她说,另外一个患癌的病友,也是深圳的,同样也仅剩两年的时间,因为没有保险,为了筹款治病,把深圳两套房子都卖掉了,结果人财两空。

保险不能阻止风险的发生,但保险是风险管理的一种工具,是爱和责任的载体。只有成交了,客户及家人在风险来临时才能得到照顾,所以成交才是真正的大爱!

销售高手的"四心":野心、细心、耐心、关心

第一,有野心。

生活中,当我们说一个人很有抱负时,说的是这个人有雄

心壮志，而不是说这个人有野心。其实，野心，在某种意义上就是雄心壮志。

有人说，成功最需要的是钱，有了钱就好办事，因为自己没有本钱，所以做不成大事。

有人说，成功需要家里有背景，你看，比尔·盖茨的妈妈是华盛顿州立大学董事，巴菲特的爸爸是美国国会议员，马化腾的爸爸是盐田港集团副董事长，马云的爸爸是曲艺界知名人士，这就是所谓的背景论。如果没有背景，那么你怎么往上爬？

还有人说，成功需要学历，别人书读得多，"985""211"大学毕业，海归……

还有人说，要长得漂亮，会说话，有口才。

其实，野心才是一个人成功的核心要素。一个人可以一无所有，但只要他有野心，就一定有机会成功。

所以，在招聘的过程中，我会从四个方面的条件来判断一个人是否优秀。

一是资源，是否已经积累了一定的资源；二是欲望，特指成功的欲望，即有没有野心；三是硬件，如长相、学历、年龄等；四是软件，就是沟通能力、情商以及逆境商。四个条件都符合，则是非常优秀的人才；符合三个条件，比较优秀；符合两个条件，则一般；如果只符合一个条件，那么我会建议放弃这个人，但只要这个人有强烈的成功欲望，就可以考虑。

如果一个人内心对成功充满渴望，这个人成功的概率就会非常高。

比如原一平，做保险销售连续9个月没出单，没有钱租房子，只能住在公园，鞋子都被小偷偷走了，但是他依然不放弃，充满成功的欲望。

乔·吉拉德曾经连讲话都不利索，但是有成功的欲望。他说过一句话："普通的业务员，在客户拒绝3次以后就放弃了，但是优秀的业务员是在客户拒绝5次以后才放弃的。我没有别的本事，我在心里默默地告诉自己，我一定要在客户拒绝10次以后才放弃。"欲望，对成功来说非常重要。

第二，要细心。

做任何事，细节都很重要。我在《细节营销》课上，第一个问题就是"100减1等于多少"。每个人的答案都可能不同，但是我告诉大家，100减1等于0。

在销售行业，第一印象特别重要，它将直接影响你的销售工作是否能够顺利进行下去。例如，业务员的着装一定要应景。我们可以自己选择服饰，原则上是穿起来让人感到整洁、大气、亲和，给人容易接近的感觉。

我有时候一天要换三套衣服。上午在公司，我穿标准职业装；下午见客户，根据场合来选择服装，如果去的是一个正式的办公场合，那么我也会西装革履，如果去一些IT（信息技术）

公司,那么我会穿牛仔裤配 T 恤,如果晚上去海边搞活动,就穿休闲装。不同的场合穿不同的服装,不仅能让客户感觉你跟他是一类人,还能表达对客户的尊重。

第三,有耐心。

有一次,一个客户问我销售成功的秘诀,我说是把对手"熬死",虽然看起来是句玩笑话,但其实很有道理,很多时候是你的对手缺乏耐心离开了,最后把市场拱手让给了你。

做销售比的就是坚持。如果你能够做到比你的竞争对手更频繁地与客户沟通,用更多的沟通技巧让客户对你产生好感,从而让客户记住你而不是你的竞争对手,你就能够最终胜出。

第四,懂关心。

人是血肉之躯,所以,销售人员一定要做有温度的人。关注、关心客户的各个细节,与他们成为朋友,建立信赖感。要以诚待人,用最优质、最独特的服务感动客户。

我在做工业皮带销售的时候,在与准客户沟通时得知他6岁的孩子不怎么爱吃东西,营养跟不上,家长试了很多办法依然没什么效果。后来我牵线让他的孩子去学架子鼓,运动量增加,吃饭的问题就解决了,最后准客户变成了大客户。这样的案例在我的销售生涯里数不胜数,华为全球行政服务管理前任总裁姜晓梅说我是她见过的最有情怀、最会关心客户和朋友的销售人员。

做销售，你用了多少心，就能做成多少事。

销售的道、法、术、器

销售是一个富有情感的创造性职业，虽然每个人卖的产品或服务不同，但其本质都是要搞定做决策的人。销售人员必须要了解人、理解人、分析人、搞定人！这是一个复杂的过程！

万事万物皆有规律，销售也是如此。我们要遵循销售的规律，明确和掌握销售的道、法、术、器，才能庖丁解牛。

道：得道多助，失道寡助！我们可以从天道、地道、人道、商道四个维度来解码销售。

法：法是不可违背的原则，以国家发展为先。

术：各行各业结合道与法形成一套属于自己行业和公司的以需求为导向的专业化销售系统，术既要固本，又要创新。固本是指销售本身是一个闭环的生态系统，客户开拓、电话（微信等）约访、需求面谈、成交面谈、异议处理、转介绍5大销售环节必须形成闭环，同时又要不断向上成长，客户越来越优质就是向上成长的力量！创新是指我们必须借助新的销售渠道和工具，如今，供给侧改革日新月异，传统地面销售向线上销售转型，直播让供应链越来越短，同时用视觉化打破了时间和空间的限制。我们销售人员只有思维升级，行动换挡，才能与时俱进！

器：器者，工具也。纵观世界近现代史人类的进步，皆因器上有重大突破。蒸汽机、电车、电脑、智能手机……器的发明推动了世界的进步！销售也如此，世界级的销售人员都有独门秘器，比如著名保险销售员陈玉婷老师的时间管理表格，哈维·麦凯的人脉表格等。销售人员的获客、跟进、成交、售后都需要好的工具来助力，销售高手之所以"高"，是因为借助了工具。工欲善其事，必先利其器！

要成为一名销售高手，务必从道、法、术、器四个方面同步提升，即明道、依法、优术、重器，如此则销售大业必成！

第一章
关于成交的正确认知

人与人之间最本质的区别，几乎可以等同于
认知的区别。

•

只要认知到位、态度好，又找到了正确的方法，
成功就是自然而然的事情。

•

做事业，最重要的是你的初心。
唯有不忘初心，方能行稳致远。

•

初心一定是利他的、无私的，在这个世界上，
你只有先利他，才会成功，才能成就你的大事业。

•

认知能力是透过现象洞察本质的能力。

销售的本质是价值交换。
成交是一门技术，而技术的最高境界就是艺术。

●

一名成交高手，无论他销售的商品是贵的还是便宜的，
其销售过程本质上都是在宣传自己企业的
价值观，以及产品的社会价值与商业价值。

●

成交的灵魂是利他与共赢。

●

成交是一种推动世界进步的力量。

●

在一家公司里面，其他的都是成本，
只有销售成交，才能产生利润。

关于认知

人与人之间最本质的区别，
几乎可以等同于认知的区别

有一次，我去参观国家基因库，感触特别深。

华大集团在深圳大鹏新区建立了国家基因库，这也是全球最大的基因库，把全世界很多物种，包括一些濒临灭绝的物种的基因都保存下来了。

我在参观中发现，有些动物的基因跟人的基因很相似，比如大猩猩。人会使用工具，大猩猩也会使用工具，实际上很多鸟类也会使用工具，比如乌鸦。

老鼠的基因跟人也非常相似。我们有时候不太了解为什么要用小白鼠做实验，这是因为如果实验在小白鼠身上获得成功，基本上就适用于人体。猪的基因跟人的相似度也很高，猪的很多器官，比如猪的眼角膜、皮肤，都可以移植到人身上。

通过这些，我得出一个结论：人与人之间的区别其实是很小的，人与人之间的智商的差别不会超过一定的范围。但是为什么最后的成就差别那么大？关键就在于个体认知的差别。

不同地方的人的认知是有差别的。例如，乌鸦是日本的国鸟，日本人认为乌鸦是鸟类中最聪明的，懂得感恩；但在中国，乌鸦是不吉利的象征，因为乌鸦的声音不好听。从这个角度可看出不同地域人的认知的区别。

认知，指的是通过心理活动（如形成概念、知觉、判断或想象）获取知识，以及人对自己所持有的知识量的态度。

技能的差别是可量化的，而认知的差别是不可量化的，因为这是一种思维模式上的差别。

我们现在经常说的"最可怕的是比我厉害的人比我更努力"这句话，就是好的认知状态的写照，即永远保持一种"我懂的还不多，我还不够优秀"的心态。只有时刻保持自我否定的状态，你的成长速度才能紧紧跟上行业的发展速度。

每个人的学历、长相、背景可能都不同，长得漂亮的会成功，长得不漂亮的也会成功。学历高的会成功，但学历低的也会成功。我见过深圳一个商会的会长，也是一名非常成功的企业家，曾经是个叫花子，他带着他的哥哥（他哥哥是一名残疾人）从四川一路乞讨来到深圳，20年后，他在深圳拥有100亿元的身价。

成功最重要的驱动力是欲望，人越成功，赚钱的欲望越强当我跟别人谈事业或项目的时候，越没钱的人越不相信，他们觉得这些都不靠谱。所以，人与人之间最本质的区别，几乎可以等同于认知的区别。

成就的差别实质上就是认知的差别。你对一件事的看法决定了最后的结果。马云当年创业的时候，觉得互联网是可以改变世界的，但当时很多人都觉得他是个骗子。这就是马云成功的原因，因为他的认知跟一般人不一样。他对这件事的看法，决定了他最后成就的一番事业，等到所有人都发现这个商机的时候，机会已经溜走了。所以，成功的核心是认知。当你有了认知之后，你说："我知道了，也看到了，但我没去做。"为什么没去做？是因为态度不到位。所以，成功是"认知+态度+方法"。

认知、态度和方法，是成功的金三角

$$成功 = 认知（40\%） + 态度（40\%） + 方法（20\%）$$

从这个简单的公式可以看出，在成功的金三角中，认知的比例为40%，态度占40%，方法占20%。

一个人只要认知到位、态度好，又找到了正确的方法，成功就是自然而然的事情。

第一，认知。

客观认知事物的发展规律，是做对事情的第一步。

人的行为是一切认知的结果。你知道而没有做到，等于不知道；做了而没有结果，等于没有做。所以，执行就是有结果的行动，对结果负责就是对我们工作的价值负责，完成任务不等于有结果。

最重要、最基础的认知是初心。

日本禅者铃木俊隆在其著作《禅者的初心》中指出，修行的目的就是始终保持初心。乔布斯深受这本书的影响。当我们在做产品或者服务的时候，需要用初心去体会人们到底需要什么，从内心去思考人们行为背后隐藏的哲理，只有用初心才能体会到本质的东西。苹果手机之所以在商业上取得巨大成功，是因为乔布斯抓住了人们对于娱乐和生活的渴望。

做事业，最重要的是你的初心。唯有不忘初心，方能行稳致远。

我曾请教我们老乡中一位卓越的企业家，他的公司的市值现在已经超过200亿元。我问他："你现在做企业成功了，也开始去做投资，你对一个企业的评判标准是什么？"他说："我的评判标准有三个方面。"

"一是初心，你为什么做这件事情。简单来讲就是认知，通过你的认知，了解你做这件事的初心。初心一定是利他的、无私的，在这个世界上，你只有先利他，才会成功，才能成就你的大事业。如果一个人做事业的目的只有挣钱，那么我绝对不投他。因为天天想着挣钱的人一定会失败。例如，你开一家餐馆，如果天天只想着怎么挣钱，你用的材料就不可能好，你就很可能克扣员工工资。但是，一些优秀的企业，员工的工资是比同行业高的，住宿条件是优越的，产品的品质也是有保障的，这些企业的目的就是做一个好产品，让更多的人过好日子。这就是利他的初心。

"二是你的优势。做这件事情，你凭什么成功？你有什么独特的优势？我们做企业一定要有自己独特的价值卖点。

"三是你的团队。做企业一定要有团队，不能什么事都是你去做，要让一个团队协同作战。"

第二，态度。

态度是人们在自身价值观基础上对事物的评价和行为倾向，是一种心态、一种看法，更是一种追求、一种精神、一种信念。我们每一天都在不停地做着这样或者那样的决定，我们选择、坚持，或者拒绝、放弃，而左右这些决定的恰恰就是我们对事物的看法和态度。无论是为人处世还是工作生活，态度都至关重要，它是决定我们成功与否的关键。

事情本身对人的影响是有限的，但由于对事物的解读不同，同样的事情发生在不同的人身上会导致完全不同的结果，这正是一个人的态度与观念对一个人的行为造成的影响。对事物的态度，决定了你的行为。

事情的好坏都是相对的。好的事情当下是好的，但长远来看也许未必是好事；坏的事情当下是坏的，但长远来看也许未必是坏事。即使你的基本判断是负面的，接下来的反应也会有两种情况：一种是产生觉得自己倒霉、运气不佳、遭遇不公平的负面反馈，进而情绪化，并导致坏事对你造成二次伤害，形成恶性循环，其实这种反应是一种推卸责任、回避现实的心智模式；第二种反应是逆流而上，敢于面对一切困难与挑战，并拥有不服输的精神。要学会让自己冷静下来，内、外双向反思，向内反思的目的是超越自我（自我成长），向外反思的目的是实事求是，更客观地看待事物及人性的发展规律，调整自己看待事物及人的理解偏差，使自己的行为及能力更加贴合事物发展的客观事实。如此你才能由负转正，在逆境中磨炼自我，成长并超越自我。

有本书叫《高效能人士的七个习惯》，书中介绍的第一个习惯就是积极和主动。

积极。态度将决定你对事物的看法。同样是半瓶水，积极的人觉得有半瓶水挺好的，消极的人会说"怎么只有半瓶"。态度会对结果产生很大的影响。积极的人拿着半瓶水就很开心，比如今天老板让我去做销售，即使只给了我半瓶水，我也很开心,有半瓶水就够了,而且有了这个瓶子我也可以去别的地方装点儿水。但是消极的人就会这么想:老板这么抠门,不搞了。不同态度产生的行为差别,会导致不同的结果。

主动。做销售,获客不是最难的,跟进客户往往才是最难的。所以我提出跟进客户的四字真经:三交四现。三交,指交流、交心、交易;四现,指经常出现、主动表现、留下贡献、订单出现。三交的核心是主动,即你要主动与客户交流和交心,然后要主动促成,最后才会有交易,99%的交易都要求你具有主动性,网红卖货也要吆喝啊;四现是具体的跟进策略,朋友在于走动,因此我们要经常出现,我们可以线上线下同时出现,因为客户也很在乎线上的关注、点赞、评论。另外,要主动整合资源帮助客户,只有帮到了客户、为他们创造了价值,订单才会源源不断。

第三,方法。

我们有了好的认知、好的态度,就会刻意地对方法加以学习和练习。

成为高手的方法是什么?首先,你要有成长型思维而不是固定思维。成长型思维就是相信通过努力和拼搏,自己可以成长,相信通过刻意练习,自己可以成为一名高手。有人觉得高手是天生的,但是有几个人是天生的高手?只有持续成长与发展，才能保持事业与人生的相对平衡。

一个人能力的提升，不是一朝一夕的事，从生疏到熟悉，从熟悉到精通，需要一个漫长的成长过程，所以一个人要想快速提升技能，就要在日常下功夫，不能有临时抱佛脚的应付心态。苟有恒，何必三更眠五更起；最无益，莫过一日曝十日寒。

认知能力是透过现象洞察本质的能力

认知能力是什么？认知能力就是透过现象洞察本质的能力。

透过现象看本质，就是在看待问题时能够抓住事件背后的运作逻辑，能够理解它真正的前因后果，而不是被事物表象、无关要素、感性偏见等影响了判断。这是一种非常重要的思维方式。

互联网的本质：链接 + 价值观 + 内容

互联网的本质是什么？互联网的本质是"链接 + 价值观 + 内容"。

链接，打破了时间和空间的局限，受众会扩大十倍百倍，甚至千倍万倍，这是一种难以估量的裂变。

例如，我当年就在天桥上卖过蟑螂药和老鼠药。当时没有互联网，从上午 10 点到晚上 12 点，我每天工作 14 个小时，很辛苦！时间是有限的。而且，谁会知道我在天桥上卖老鼠药、蟑螂药？谁会成为我的客户？答案是经过天桥的人，而经过天桥的人是有限的。

但是，如果我在互联网上开一家店，卖老鼠药、蟑螂药，那么我可能 24 小时都有客户。客户如果晚上睡不着，起床发现了一只蟑螂，就会去网上搜蟑螂药，如果搜到了我的店铺，就下单了。下单时间可能是凌晨。下单的客户可能位于湖南、湖北、四川，也有可能位于澳大利亚、法国、美国，或者日本。互联网首先形成了时间和地点的链接！

另外，要有价值观（你的初心），以及内容。

例如，你这个网站的价值诉求是什么，你的内容就会是什么。京东是做什么的？当当网是做什么的？唯品会是做什么的？它们都有不同的价值诉求，这就是互联网的本质。

要想把互联网的生意做好，首先要去突破链接的点，要让更多的人知道你开了这家店，而且这个店要有价值观，比如你承诺的性价比、品质保证等。

当然，你还要输出一些有价值的内容。例如，你开了一家卖蟑螂药的店，这时你不能只做一些蟑螂药的展示，还要输出一些有价值的内容，你可以说一说蟑螂对人的危害有哪些，再讲一讲蟑螂的历史。蟑螂的历史比恐龙还长，恐龙早就灭绝了，为什么蟑螂还能生生不息？蟑螂的生命力如此顽强，我们如何消灭它？然后再通过比较和客户的见证来突出你出售的蟑螂药的优势。

金融的本质：跨时空的价值交换

金融的本质是什么？

最近几年，互联网金融非常热，很多人都在说互联网改变了金融的本质，其实不管是互联网金融还是基于其他载体来完成的金融交易，它的本质没有任何变化，即跨时空的价值交换，所有跨越时空进行价值交换的都是金融交易。金融的本质是实现不同的人之间跨时空的价值交换。

比如，货币的出现是为了把今天的价值储存起来，等到明天、后天或者未来的任何时候，再用储存在货币中的价值购买别的东西，整个过程实际上就是让价值在不同的时间和不同的地理位置之间进行交换。今天你在张村把东西卖了，带上钱去李村，你就可以用这些钱买李村的东西。货币完成的就是跨越时间把价值储存起来，跨越空间进行价值转移。

贷款、银行产品、保险产品也是这样。

举个例子：你把钱存到银行，存活期与存定期的利息不一样，存1年、3年、5年的定期利息也不一样。如果你愿意冒一点儿风险，那么回报会更高。所以金融的本质是跨时空的价值交换，风险控制是金融业经营的关键。

在与客户交谈时，经常有客户说："万一我不出事……"这就是客户认知不到位的表现。我经常跟客户说，不是"万一不出事"，而是人一定会面临死亡。这就是人生无论如何都逃不过的事，不管你有多厉害，不管你多爱健身、多养生，最后谁也逃不过死亡。如果客户死亡，那么人寿保险公司一定会把寿险的保额赔给客户；如果是意外死亡，那么人寿保险公司会把寿险保额和意外死亡的保额加起来赔给客户。客户现在交的是保费，保险公司未来赔付的是保额。

保险就是典型的跨时空的价值交换的工具。

销售的本质是价值交换

无论是远古时期还是近代文明时期，交换都成就了人类发展的历史。如今，交换虽然被很多东西替代，但本质依然不改，就是将你认为无用的东西换成有用的东西，成全别人，也壮大自己，或者说，是将有用的东西换成更有用的东西，成就他人，也满足自己。

人类之所以发展至今，交换起到了很关键的作用。在没有形成统一语言时，人类凭着天赋开发出了交换的能力，有的人有食物，有的人有工具，有的人有住处，而通过交换来实现互通有无，让人类存活了下来。在步入文明时代后，人们明白了等价交换的重要性。

销售的本质是价值交换。我们要学会塑造价值。

我曾经跟平安健康保险公司的一个高管聊天,他说很多业务员完全没有把"健康守护360"这个产品的价值挖掘出来,不敢向客户推荐这个产品,而是把它当成赠品送出去。销售成交,其本质是价值交换,我们一定要把产品或者服务的价值提炼出来。

举个例子:现在我拿1元钱去跟客户换100元钱,我会没有底气,没有自信,即使我去求他,请他帮忙,最后我还是没有结果。切记,生意是求不来的。价值不到位,价格不要报!

我这个产品值1 000元钱,现在只要你1元钱,你有没有底气和自信?

健康守护360就是这样一款产品,关键是你的价值塑造是否到位。

海尔集团董事局主席张瑞敏先生说:"销售不是卖,销售是买!买的是客户的满意度和忠诚度,买的是客户的心!"张先生非常推崇道家思想,"反者道之动",当我们学会从对方的角度来思考问题时,我们就悟出了道理。

海尔提出了"一条毛巾"服务,即现场安装海尔电器的服务人员,在安装好电器后,会把他们踩过的地方用毛巾认真擦干净,这一擦就擦进了客户的心!

我的服务理念就是"前半夜想客户，后半夜还是想客户"，我时刻思考的是如何为客户创造价值，如何为客户创造增量财富。

举个例子：我的一个大客户，17年来连续在我们夫妻这里投保了102张保单，保费累计超过1 000万元，而该客户也有从事保险业的亲人，为什么客户会把绝大部分保单都投在我们这里？大家可以看看我们做了什么。

具体措施如下：

第一，给客户提供培训服务，在客户的公司中，参加人数从10个人一直增加到700人；

第二，给客户的孩子提供教育方面的资源，以及出国留学等方面的咨询服务；

第三，给客户介绍客户资源，利用身边人脉，成功协助客户成为世界500强公司的供应商；

第四，日常情感账户增值，每年为客户的双方父母及客户庆祝结婚纪念日，发展了"不是亲人，胜似亲人"的关系。

以上这些举措其实都是客户想要的，是除产品之外的高附加值服务，我们时刻从买方的角度来思考和行动。切记：买卖的核心价值是成就客户的梦想！

假设一个产品可以赚1角钱，若你要赚1角2分，你会发现生意很快就淡了，若你只赚8分，你会财源滚滚！这与李嘉诚老先生的观点很相似,是典型的买方思维,是真正的商道!

我们中国老祖宗的确非常有智慧。"卖"字比"买"字多了一个"十"字,可见客户买的其实就是这个"十"字,只要产品品质达到十分,服务做到十分,卖的过程就自然而然地完成了!

如果这个"买"字上面不是"十",而是"八",或者"五",产品就会不好卖或者卖不动了!产品或服务是"1",营销是"0",若"1"有问题,"0"再多也没有意义,好的产品加上好的销售,才是真正的好模式!

对成交的正确认知

成交是一门技术，而技术的最高境界就是艺术

成交是一门技术，而技术的最高境界就是艺术，把一样东西做到极致，它就上升到艺术的层面了。

根据能力表现，可以把销售简单分成三个级别：一是菜鸟销售，二是资深销售，三是成交高手。

菜鸟销售：手中有刀，心中有刀

什么叫菜鸟销售呢？就是手中有刀（吸引客户的招数），心中也有刀（算计之心）。很多新手在经过几天培训后，像打了鸡血一样，见谁都推销，最后处处碰壁，铩羽而归。我在给销售人员培训时常常告诫销售新兵：要让客户感觉到你的用心和诚意，不要让他感觉你今天就是推销产品或服务的，当客户感觉到你今天就是要从他的口袋里掏钱的时候，你就要小心了。客户并不是讨厌销售，而是讨厌不恰当的销售方式。

资深销售：手中无刀，心中有刀

从菜鸟销售进化成资深销售的人，表面上看手中无刀，心中却很着急。他们用心来判断时机，发刀时意随心生，刀由心生。他们虽然在客户面前表现得很冷静，但是心里会有些害怕，不敢成交，患得患失：今天讲了会怎么样呢？客户会不会讨厌我？我会不会丢掉这个客户？手中无刀，但心中有太多的障碍。

成交高手：手中无刀，心中无刀

真正的成交高手，手中无刀，心中无刀，成交像呼吸一样自然。销售成交的境界要像呼吸一样自然，不管是呼气还是吸气，都顺其自然，不需要想。

手中无刀，心中无刀，不代表不成交，而是会成交得更多。这是因为，菜鸟销售和资深销售是从自己的利益出发的，所以他总是患得患失；而成交高手是从客户利益出发的，把自己定位成宣传者和普及者，站在客户的立场，让客户感觉到你是在真正为他考虑，用心发掘他的需求，成就他的梦想或者消除他的顾虑，优秀的销售行为是受客户喜欢的双赢的行为，是零压力销售。

菲利普·科特勒说过，营销就是发现客户价值、创造客户价值、传递客户价值。营销的最高境界就是手中无刀，心中也无刀，你拥有的只是价值。找到销售人员自然的状态，找到你的刀本来的位置，这样，你就能无敌于天下。

做销售一定要有个定位。

> 案例　保险业务员定位：保险知识的宣传者和普及者

我做保险销售，就把自己定位成保险知识的宣传者和普及者，一有机会我就会跟客户讲，至于买不买，那是客户的事。我讲的时候，会有一套完整的思路和模式，客户不会讨厌我。

我最近现场签了4张保单，非常有成就感，因为在这4个人中，只有一个人是我认识的。这个人是之前的朋友介绍的，见过一次面，后来他有事来我这边，就找我们一起聊聊天。这次，他带了三个朋友，都是从来没见过面的。我们先聊了聊他们的生意，然后聊到了新型冠状病毒，我问他们："疫情对你们的影响大不大？"他们都说疫情影响很大。

我问："有没有想过有比疫情影响更大的情况？疫情对我们的影响，可能会持续两个月或者三个月，也许是半年，但是假设我们生了大病，可能就不是半年了，可能是一年、两年、三年、四年、五年，一般大病的康复期是五年，要是你五年没有收入怎么办？

"近些年中国人口的死亡率大约是7‰，一天死亡约3万人。意外死亡的概率大约是2.6‰。人自然死亡的概率是非常低的，大多数人离开这个世界，要么是因为意外，要么是因为疾病。

"我们抛开意外不讲，离开这个世界之前你大概率会得一场病，得了病要不要花钱呢？"

他们都认为要花钱。

我问："那你觉得花自己的钱比较好，还是花别人的钱比较好？"

他们说，当然是花别人的钱。

我问："花谁的钱？"

他们说，花保险公司的。

我接着说："你们知不知道得了大病到底要花多少钱？电影《我不是药神》的原型陆勇，他得了慢粒白血病，有一种靶向药可以治好这个病，这种药叫格列卫，2.35 万元一瓶，一瓶可服用一个月，一年就要花大约 28 万元。这个药 2001 年进入中国，2017 年才纳入社保，在这 16 年里，它属于社保不报销的自费药，如果要连续服用 16 年，就需要将近 500 万元。你们觉得自己能不能拿出来 500 万元？但是如果你不吃这个药，你吃其他的药，生命很快就结束了。所以有这么多钱就可以救命。大家想想，500 万元，中国 99% 的家庭是拿不出来的，所以就出现了很多人间悲剧，有些家庭在有人生大病的时候，把存款花完，把房子、车子卖掉，找父母、兄弟姐妹、子女借钱……中国目前有那么多贫困人口，42% 是因为大病致贫，所以政府是鼓励我们买保险的。

"英国前首相丘吉尔说过:'如果我办得到,那么我一定把保险这两个字写在家家户户的门上,因为我深信,通过保险,每一个家庭只要付出微不足道的代价,就可以免遭万劫不复的灾难。'

"你们会储备500万元来应对生病的风险吗?"

他们说不会,也没这个能力。

我又问:"如果一年花500块钱左右就能解决这个问题,那么你们愿意吗?"

他们说愿意。

我继续说:"500块钱就是请朋友吃个饭的钱。而且假设你没有生病,你这辈子都没用到这个钱,你的钱也定向捐给了那些生病的人,你是在做慈善,你们愿意花这500块钱吗?"

他们都说愿意。后来我就给他们推荐了我们公司的百万医疗险。

这就是销售的阶梯式策略(后面会讲到),很容易就成交了,实际上我的定位是从客户利益出发的。

> **案例　名创优品的定位:把好产品卖便宜才是真本事**

名创优品联合创始人叶国富,在谈及崛起的新零售时表达了他的观点:环境好、服务好、价格好、产品好,而且有极致的性价比。我觉得叶国富是一名思考者,很有大智慧。他说,把好产品卖便宜才是真本事。你在名创优品买东西的时候,我要让你感觉到不是在花自己的钱——太便宜了。

叶国富"把好产品卖便宜"的这个观念是未来商业的趋势。当然,除非你做的是大品牌、奢侈品,满足小众的需求。如果客户说:"我对钱没有概念,我就买贵的,我就使用贵的。"那也可以。一些奢侈品的定位,都是彰显你的身份、满足你的需求的。但是,又好又便宜才是大众市场的需求,大多数老百姓都切实希望产品又好又便宜。

类似的案例有很多。比如优衣库、小米,它们的商业模式都和名创优品相似。还有美国的开市客,致力于以最低价格提供给会员高品质的品牌商品。

开市客是美国最大的连锁会员制仓储量贩店,1976年成立,是会员制仓储批发俱乐部的创始者。开市客一般开在沃尔玛对面,这对沃尔玛的影响非常大,有一个说法:只要开市客开到沃尔玛旁边,沃尔玛的员工就会比顾客多。虽然有些夸张,但也侧面说明了开市客非常有竞争优势。

沃尔玛是一个大型仓储式超市,商品特别多,可能有15万个SKU(库存保有单位),各类门店非常多,但开市客只有4 000个SKU,而且是会员制,你只要交钱办个会员卡,它的定位就是家庭的采购专家,只为家庭和个人服务。它的产品可能"10块钱进,10块钱卖",只赚会员费就够了。商品数量少也有个好处，那就是可以把单品做成爆品，比如杯子，在沃尔玛可能一年卖5万个，但是在开市客，杯子中的爆品可能卖到500万个，这样就可以协助厂家把成本降下来。

> **案例　华为，产品贵卖也是一种信仰**

华为手机的定位是面向高收入人群，所以华为手机价格贵一些，这是无可厚非的一件事。有一次，任正非先生在接受央视记者采访的时候提到，要把价格定高一些，这样就可以给竞争对手一些生存空间。像华为这种有国际影响力的大品牌，如果价格定得很低，其他厂家就没办法生存了，不利于整个行业生态链的发展。

任正非先生看问题非常有高度和深度，是真正的成交高手，他把东西卖贵一些，用户不仅不怪他，还迷恋他。我就是他的忠实粉丝。

一名成交高手，无论他销售的商品是贵的还是便宜的，其销售过程本质上都是在宣传自己企业的价值观，以及产品的社会价值与商业价值。

成交的灵魂是利他与共赢

"己所欲,施于人"与"己所不欲,勿施于人",还体现了东西方文化的不同。

己所欲,施于人

"己所欲,施于人"就是我给你我想要的东西。但我想要的东西,不一定是你想要的东西。有这么一个寓言故事。狐狸阿姨生病了,小兔子就拿他最爱吃的青菜、萝卜去看狐狸阿姨。请问狐狸阿姨高兴吗?狐狸阿姨不高兴,她不吃青菜和萝卜。这就是西方的文化。比如,美国经常会把它的价值观强加给别人,是很典型的西方文化。

己所不欲,勿施于人

"己所不欲,勿施于人"是儒家始祖孔子的一种处理人际关系的准则。也就是,你要求别人做什么时,首先自己也愿意这样做,自己做不到,便不能要求别人做到。人应当以自身的行为为参照来对待他人。倘若把自己不想要的硬推给他人,不仅会破坏自己与他人的关系,还会将事情弄得很僵。这条准则是尊重他人、平等待人的体现。

人所欲，施于人

我们做销售的有一种观念，叫"人所欲，施于人"，就是你需要的我才给你，你不需要的我不给你。所以，知己知彼，方能百战百胜。一定要做需求分析，只要以客户的需求为导向，你就可能迈向成功。

很多人可能觉得做保险销售很难，认为保险销售不受欢迎，有一句顺口溜是"防火防盗防保险"，把防保险等同于防盗。我的一位培训老师的朋友说："现在变了，现在是防火防盗防培训了，现在保险的地位比培训高了。"为什么会出现这种情况？因为很多培训公司通过电销获客，同时不少培训公司都言过其实，中间全是套路。切记：任何不良的推销行为，都是令人抵触的。

举个例子：

你在走路的时候，一个推销杯子的缠着你不放，是不是很讨厌？一定是的。

有一次，一个推销地产的业务员打电话给我，我正在开车，他说："杨先生您好！您需不需要房子？我们有一个房子正在搞促销。"我说："我在开车，不方便！"他说："就耽搁您5分钟可以吗？"这就是不良的推销行为，他们都不是受欢迎的。

优秀的成交行为，是一种尊重对方、利他和共赢的行为。利他和共赢的行为是受人尊重的。所以，我做销售这么多年，现在逢年过节，比如中秋节、春节，好多客户都会给我送来礼品，表达对我的感谢。因为，在跟我相处的过程中，他们感受到了愉悦，得到了切实的帮助。

成交是一种推动世界进步的力量

美国前总统克林顿有一句名言："不当总统就当推销员！"为什么呢？因为推销就是把好的东西推向世界。有些专家认为，现在是爆品时代，产品最重要，销售不重要。当然，做出好的爆品很关键，但市场上真正的爆品很少，现在是产品同质化非常严重的时代，如果好的产品没有销售的渠道和推广的模式，那么最后都会变成一堆库存。

在一家公司里面，其他的都是成本，只有销售成交，才能产生利润。

销售是直接创造经济价值的工作。销售工作是一个很重要的利益创造和交换的节点。对于所在的公司，销售人员只有卖出更多的产品和服务，才能创造更多的销售利润；对于客户，销售人员通过产品和服务解决其实际问题，为客户创造更多的实际利益。

有一次我和王石先生聚会的时候，王石先生讲了一件事，他正在推动深圳和以色列一个大城市的合作。他觉得，以色列这个沙漠中的国家，能够拥有那么多创新项目，拥有那么多在纳斯达克上市的公司，能创造那么大的奇迹，很了不起，深圳现在应该像以色列那样，走出一条创新之路。王石先生走到哪里都想着成交，因为只有合作了、成交了，才会产生价值。

所以，成交是一种推动世界进步的力量。

成交高手，具备成交的思维。比如，我今天跟我的孩子沟通，我的目的就是与他成交，如果你今天的沟通最后没能达成一个共识，沟通就是无效的。

成交其实无处不在，所以，成交要像呼吸一样自然。

第二章
成交高手的十大成交秘诀

成交就是经营客户的动力，只要动力足够大，成交就会变得很简单。

•

痛点成交法：筑梦、破梦、圆梦，就是愿望、现实和达成路径。

•

超级赠品成交法：好的赠品能够让你的生意鹤立鸡群。

•

高价值成交法：一流的业务员卖价值（客户需要的是价值）。

•

阶梯式成交法：客户永远比准客户重要得多。

•

零风险成交法：底层逻辑：安全感诉求。核心是做好客户的风险控制。

节假日成交法：把一个好日子做成一门生意。

●

转介绍成交法：做客户一辈子的生意、
世世代代的生意！

●

免费成交法：盈利点的偏移；羊毛出在猪身上。

●

资源整合成交法：学会整合资源成交，
你就是成交之王。

●

爱与责任成交法：爱与责任是最伟大的动力。
爱与责任，所向披靡！

痛点成交法

成交的两大法宝：痛点和快乐
——逃避痛苦或追求快乐

实施成交有两个法宝：一个是痛点成交法，一个是快乐成交法。所有成交秘诀，其实都是从这两个法宝中衍生出来的。逃避痛苦或追求快乐，是每一个人内心渴求的，但二者又是有区别的。

在成交策略上，是痛苦的力量大，还是快乐的力量大？

有这样两个人，他们都是运动高手，跑步水平也差不多。但是他们做的事情不一样，一个当了警察，一个做了小偷。假设这个小偷正在作案时被这位警察发现了，你觉得谁跑得更快呢？可能是小偷，他的动力是防止被抓住，他要逃避痛苦。

再讲一个猎狗和兔子的故事，方便大家更好地理解。有一个猎人带着猎狗去打猎，一枪打过去，小兔子的脚就受伤了，猎人命令猎狗去追，结果没追到，受伤的小兔子成功地逃脱了猎狗的追捕。兔子家族为此开了一个庆功会，庆祝小兔子的成功逃脱。会上兔子大王让小兔子分享它是怎么逃脱的，小兔子就说了一句话，它说："我是全力以赴，但猎狗只是尽力而为。"

这两个故事告诉我们：**痛苦比快乐的成交动力更大**。据美国营销协会统计，在成交上，痛苦的力量是快乐的力量的4倍。

成交就是经营客户的动力，只要动力足够大，成交就会变得很简单。

成交的两大类方法是痛苦加大法和快乐加大法。只要痛苦足够大或者快乐足够大，成交就水到渠成！

痛苦加大法

我拿了一只虫子在手上，说："你要吃下去，不吃我就打你的手。"估计有人会不吃。我说："再不吃我就打你的脸。"可能有人还是不吃，因为这些痛苦不够大。假如不吃这只虫子，就砍掉一只手或者让他永远见不到他最爱的孩子，估计这时候大家都会吃，因为失去一只手或者失去孩子的痛苦，远远大于吃一只虫子的痛苦。也许有些人，你给他5亿元，他也不吃活虫子，但是他不能忍受失去手或者失去孩子的痛苦。可见，逃避痛苦的力量远远大于追求快乐的力量！

快乐加大法

假设我手上拿着一只虫子，现场有 100 个人在听我讲课，我说："谁愿意把这只虫子吃下去，我给谁 100 块钱。"这个时候估计没有人动心，我就加码到 500 元钱，可能还是没有人动心。加码到 1 000 元钱，可能就会有人吃了。我有一次在培训现场跟学员开玩笑说给 1 000 元钱，真的有人说给 1 000 元钱我就把它吃了。给 1 000 元钱没人吃，给 5 000、5 万、50 万、500 万、5 000 万、5 亿元钱，说不定就有人动心了，我相信，如果给 5 亿元，那么我估计现场 99% 的人都成交了。

这就叫快乐加大法，不断地让客户快乐，成交率就会不断提升。

"双 11""双 12"的促销就运用了这个成交逻辑。但让客户快乐是要付出成本的，成本太高对商家来说就不划算了。如果有些客户，即使你这么促销他也无动于衷，你就要尝试痛苦加大法了。

举吃虫子的例子，是方便大家快速理解快乐加大法及痛苦加大法。大家在实际销售过程中一定要善用这两种方法，可以单独使用，也可以联合使用。

痛点成交法实施的步骤

痛点成交法分成三个步骤：第一步是筑梦，就是把你的愿望找出来；第二步是破梦，把现实告诉他，"理想很丰满，现实很骨感"；第三步是圆梦，帮他把梦想找到，给出一个达成愿望的路径。筑梦、破梦、圆梦，就是愿望、现实和达成路径。

每年在传统企业的招商会或者保险公司产品说明会上，我都会去帮企业做成交。我最有成就感的是两年前我给广东的一个保险机构做的产品说明会，现场有 50 桌客户，现场成交率为 75%，保费突破了 5 000 万元。2019 年，在甘肃的一场酒会上，我的现场成交金额突破 1 亿元。过去 5 年，我平均每年协助企业成交的金额超过 10 亿元。我的思路以痛点挖掘为主，我深知痛苦的力量比快乐的力量大，主要分三个篇章：筑梦、破梦、圆梦。

筑梦：愿望

孩子读书重不重要？在跟孩子父母聊天的时候，我就会问："你对小孩未来的教育是怎么规划的？你期望他未来在哪里，去哪个学校上学？"这就是在筑他的梦。遇到经济条件好的父母，我会跟他们讲，可以考虑出国留学。现在很多上市公司、很厉害的公司的老板都有出国留学的经历，比如百度的李彦宏、搜狐的张朝阳等。

最好的人才是什么样的？你对本土文化有深刻的了解，同时你又具备全球化的视野。

有一种说法：最好的大学是你的朋友圈。在国内，你从"985"或者"211"工程大学毕业，你未来的圈子就会好很多。如果你有出国留学的经历，曾经去国外好的大学就读，你的朋友圈就会有全球的人脉。

多读书是一个美好的愿望，一定要让孩子接受最好的教育。中国有成就的企业家，80%都是本科及以上学历。我们做过调查，资产超过3 000万的高净值客户，50%以上是研究生学历，包括EMBA（高级管理人员工商管理硕士）。资产上亿的高净值客户，60%是硕士学历。

目前在中国，学习还是改变命运最好的路径。可能你家里的经济条件不好，但你通过读书学习，将来会接触到更高端的圈子，就可以改变你的生存环境。

所以，这就是一个筑梦的过程。

> **案例　"马云背后的男人"——蔡崇信**

在阿里巴巴一无所有的时候，蔡崇信放弃70万美元年薪，和马云白手创业，被媒体称为"马云背后的男人"。蔡崇信于1999年加入阿里巴巴，现任阿里巴巴集团执行副主席，2019年福布斯全球亿万富豪榜排名478位。

蔡崇信，祖籍浙江省湖州市，1964年出生于台湾，来自一个法律世家，祖父和父亲都是法律界名人，在台湾地位显赫。

1977年，13岁的蔡崇信被送到美国读书，就读于新泽西州顶尖寄宿制学校劳伦斯威尔中学。从劳伦斯威尔中学毕业后，蔡崇信升入耶鲁大学，获得经济学及东亚研究学士学位和法学博士学位。

1990年从耶鲁法学院毕业后，蔡崇信在纽约的克伦威尔律师事务所担任税务律师。三年后他跳槽到一家小型并购公司，负责并购交易。之后，他离开美国，来到香港，在瑞典控股公司银瑞达工作。

1999年，在朋友的介绍下，蔡崇信与马云在杭州相识。被马云的干劲儿和魄力感染的蔡崇信，毅然辞掉银瑞达年薪70万美元的高薪工作，帮助马云创立阿里巴巴。作为管理团队中唯一一位在西方接受教育的成员，蔡崇信担任阿里巴巴的首席财务官，一干就是十多年，直到2013年升任董事局执行副主席。

学术卓越，历史悠久的劳伦斯威尔中学培育了众多知名校友：阿里巴巴集团执行副主席蔡崇信；美国著名生态学家、环境保护主义先驱、造诣极深的文学巨匠奥尔多·利奥波德；普林斯顿大学第16任校长罗伯特·F.戈亨；普利策新闻奖获得者福克斯·巴特菲尔德；诺贝尔经济学奖获得者乔治·阿克洛夫；迪士尼公司前任首席执行官兼前董事长迈克尔·埃斯纳，等等。

蔡崇信 2017 年给母校劳伦斯威尔中学捐款价值 1 亿美元的阿里巴巴股票，成为学校有史以来捐款数目最大的捐赠人。

蔡崇信在海外求学时和工作中积累的精英人脉，为阿里巴巴早期的融资提供了极大帮助。

> **案例　拼多多首席执行官黄峥与段永平的师徒缘**

拼多多首席执行官黄峥，早年曾在谷歌工作。如今黄峥的最新财富值虽然尚未超过谷歌大名鼎鼎的前任老板，但是与他们的差距已经进一步缩小。

拼多多成立于 2015 年，当前市值为 580 亿美元。短短几年内，拼多多已经成长为全世界最大的网络零售企业之一。

黄峥的成功不仅取决于他自己的优秀和卓越，当时他的圈子对他的影响也是非常大的。在黄峥的成功路上，步步高的创始人段永平先生对他的影响最大。黄峥说，对自己商业教育影响最大的，是段永平。这段师徒缘，源于二人——一个 60 后和一个 80 后——是毕业于浙江大学的校友。

当时，段先生去浙大讲学的时候就认识了黄峥。2002 年，黄峥从浙江大学毕业，来到美国威斯康星大学麦迪逊分校留学，而段永平也刚到美国定居。

2006年，段永平成为第一位与"股神"巴菲特共进晚餐的华人，这次饭局，段永平还带上了他的"四徒弟"——黄峥。

可见，孩子如果多读书、读好书，碰到的贵人就多，成功的机会就大。

破梦：现实

要想让孩子接受良好的教育，其中一个关键点是财务上的支持——要为他准备足够的钱。

现在，在国内上大学，一年的学费大概为6 000元，生活费大概为1.5万元，一共2万元左右，4年就是8万多元。再加上一些就业前期的支持，大概要花10万元，这是不是也是一个很大的数字？

而且，学费每年以一定的速度增长，假设你的小孩现在1岁，19岁读大学，到时候学费加生活费可能是30万元左右。这意味着，如果在国内读大学，那么父母必须准备30万元才能实现孩子的大学梦；假设再去国外读研究生，那么平均费用为60万元左右，22年后，按学费每年增长5%来计算，国外读研究生的费用为160万元左右。可见，在孩子未来高等教育费用上要准备200万元才够用。

我有一个做生意的朋友，之前生意不错，把孩子送出国，这两年因投资失误，事业一落千丈，导致在美国读大三的孩子没钱交学费，只能到处凑钱，压力非常大！所以，现在有钱，不代表未来有钱。

孩子的高等教育不仅关系到孩子的未来，还关系到家庭的未来。如何确保孩子的教育费用100%不受影响，是每一个有责任心的父母必须考虑的。

特别值得一提的是，经过这次新冠肺炎疫情，很多优秀企业都出现了财务危机。有一些中小型企业甚至直接宣布破产。也许你的企业本来一个月可以赚到10万元的利润，但是这次疫情就把你的现金流全部切断了，最后企业就可能倒闭。如果你的孩子现在处在高等教育阶段，他就没有钱交学费，就可能面临辍学。

"理想很丰满，现实很骨感。"这就是破梦。

圆梦：达成路径

接下来跟客户讲达成路径。

现在挣到了钱，要不要给孩子做准备？我相信没有一个父母会拒绝。放在哪里可以确保孩子的教育万无一失？孩子的教育既然这么重要，而这笔钱关系到孩子的未来，也关系到家族的未来，那么，这笔钱就不能有闪失。

能不能投资股票？风险高，肯定不行。

可能有人会说，我买商铺，"一铺养三代人"。但是现在商铺、写字楼空置率非常高。2019年，深圳写字楼空置率达到30%，有些区域甚至达到50%，很多商铺根本租不出去。

还有人说，我把钱存在银行里，不动。把钱存在银行里也是有风险的。风险在哪里？第一，自己会挪用；第二，会被借走；第三，万一生意碰上一些债务纠纷，可能会被冻结。

放在哪个地方可以确保万无一失？

还有一个问题：现在你的孩子3岁，在孩子成长到20岁的过程中，如果你生病了怎么办？意外死亡怎么办？这些问题都能给客户破梦。

最后，给他提供一条路径：购买教育基金、保险产品。

它有什么样的功能？第一，强制储蓄；第二，它有豁免功能，就是在储蓄的过程中，如果父母意外死亡，或者得了大病，那么保险公司替父母交这笔钱，确保孩子完成学业；第三，复利增值，回报比较稳定，比如，孩子现在可能只有一两岁，我给他准备30万元，到孩子读书的时候，按照目前各家保险公司的结算情况，可能能拿到50万~60万元，既能稳健增值，又能确保这个计划的达成。

通过筑梦、破梦、圆梦这个过程，我就把教育基金推荐给了客户。

> 案例　拿下两家世界 500 强公司订单，成就工业皮带销售传奇

2000 年，我在荷兰安运隆公司做工业皮带（用在机器设备上）销售的时候，一年之内就签下了深圳机场、铭基食品（麦当劳集团企业）、淘化大同（法国达能集团企业）、益力矿泉水等大企业及世界 500 强的订单，也成了公司当年的全国销售冠军。

当时我们的工业皮带的价格是市场上最贵的，比国外同行贵 10%~15%，是国内工业皮带价格的 10 倍以上。

我是怎么销售出去的？很多国产输送皮带都有一个问题，皮带用一段时间会起毛，会裹进食品里面，这对企业而言是要命的。所以打败容易起毛的输送皮带是比较容易的，谁也不敢拿企业的品牌和客户的安全开玩笑。

跟国外的竞品比较，我主要在输送皮带的使用寿命上做文章，一定要把产品的价值塑造到位。很多销售人员误认为客户最在乎的是价格，其实客户最在乎的是性价比，在价格没有优势的情况下，我们要把产品或者服务的利益和价值凸显出来。例如，我的价格比竞争对手高 20%，但我提供的服务或产品的利益是竞争对手的 2 倍，这样，我们产品的性价比就凸显出来了。

痛点成交法的核心是把痛点找到，然后把痛点放大，同时把自己的产品或服务的价值塑造出来，成交就变得简单了。所以，高手总是在用痛点、价值成交，普通人总是在拼价格，然

后抱怨自己公司的产品没有竞争力。

> **案例　两次面谈，成交一单 500 万元保费的工程保险单**

2019 年，经朋友介绍，我认识了一家大型装修公司的董事长，经过沟通得知，这家公司的工程保险正在和一家相对较小的保险公司合作，因为小公司在价格方面比较有优势。这家大型装修公司一年要和大约 2 000 个工地合作，2 000 个工地就意味着 2 000 张保单，数量这么大，各家保险公司的竞争其实是非常激烈的。跟这位董事长交谈的时候，我问："您为什么选择和之前那家公司合作？"他说，主要是价格上有优势，同时核保条件也相当宽松。

做销售一定要知己知彼。我大概了解了竞争对手的条件，和我们公司的条件做了一下比较。跟公司领导充分沟通后，我告诉这位董事长，我们也可以给出一样的价格和承保条件。当我把我们的报价单交给他们公司的采购部门后，没多久，采购部门反馈，我们的竞争对手又把价格降了 10%，让我再报一个价格。这个时候我再跟公司申请价格，公司领导就不同意了，说平安是大品牌、大公司，怎么可以跟小公司拼价格？还说，如果客户太在乎价格，就不要合作了。

怎么谈判？首先是筑梦，然后是破梦，最后是圆梦。

我问董事长："您做工程装修，最关心的是什么？"董事长说他最关心两个问题：第一，质量问题；第二，安全问题。可见客户最关心的并不是保费有多贵。即使工地出了险，保险公司进行赔付，他可能也同样会很麻烦，家属可能会闹事拉横幅，政府和相关单位可能也会来调查和干预，社会影响会非常不好，所以核心不是价格。我们要找到核心痛点，从价值上做文章。

我从以下两个方面跟客户沟通：

"第一，假设您跟平安合作，我们的风控团队就会进驻您的公司，分析工地每次出险的原因，然后给您出具一个调查报告；我们会协助您改善作业流程，把风险降低，减少事故发生，这才是最重要的，您说对吗？"

董事长非常接受我这个观念。

"第二，如果我们合作一年后，贵公司的出险概率大幅度下降，那么我们的保费也可以降下来。就像车险一样，如果今年没出险，第二年的保费就会优惠，如果第二年没出险，保费就会继续优惠。这就是我们讲的一种双赢的行为。在出现风险、产生损失的时候，理赔是下策，风险之前的预防才是更重要的。"

最后，董事长选择与我合作。

运用痛点成交法，首先要找到痛点，然后要扩大痛点，就是让痛点足够痛，要对痛点进行深度挖掘，把弱痛点变成强痛点，最后再为客户提供解除痛点的方案。

超级赠品成交法

对于很多商家来说，利用赠品来实现销售是非常正常的。一般来说，实现销售的过程，就是引流、成交、复购、转介绍，最后是重复消费，这也是很多商家经常使用的赠品成交路线。

赠品的重要性，就在于通过送出赠品吸引潜在客户到访。免费的诱惑力总是很大。作为商家，我们要更多地利用赠品，赠品能够带来销售转化，带来客户，带来流量，这才是赠品的价值。

我们熟知的"买椟还珠"的故事，给我们两方面启示：

一是买方的眼睛只盯着那只精美的盒子，结果却丢掉了真正有价值的宝珠。可见，做什么事情都要分清主次，否则就会像"买椟还珠"的买方那样，做出舍本逐末、取舍不当的傻事来。二是盒子做得非常漂亮，最后客户把盒子拿走了，把珍珠退回来。这就说明，如果赠品做得好，那么效果真的会非常好。

> 案例　超级赠品——价值2 980元的净水器

场景一：利用超级赠品，洗车店老板一个月发展500名

会员

这是我们小区洗车店的一个案例，我住的小区规模比较大，共有八期，6 000多户。小区周围原来就有三家洗车店，而我的一个保险客户又在小区新开了一家洗车店。原有的三家已开店多年，客源比较稳定。新开的洗车店面临的一个最大的问题，就是如何快速获客。

他知道我对销售很在行，就过来向我咨询，我和他分享了两个策略：

第一，免费洗车和消毒。这是引流策略，但光引流是远远不够的，如何把这些吸引来的客户留住才更关键。

第二，用超级赠品引导客户办会员卡。我给他策划的方案就是，洗车卡充值10次以上，就送价值2 980元的高端净水器一台，这个净水器属于中国十大净水器品牌。我让他把净水器摆在洗车店的茶室，并把促销方案做成海报贴出来。

赠品非常有吸引力，一个月的时间里，洗车店就利用这个超级赠品获得了500名会员、20万元营收。

场景二：购两箱红酒，送一台2 980元高端净水器

我去年也用超级赠品成交法指导了一位卖红酒的客户。只要顾客团购两箱红酒（每箱12瓶），就送价值2 980元的净水器一台，两箱送一台，多买多送，上不封顶。结果，有一位

顾客一次就买了20箱，目的是拿10台净水器。这就类似于买椟还珠的故事，当然，他也会把酒拿走。这是一个双赢的局面，顾客可以得到实惠，经营者也可以控制成本。

2980元高端净水器运作模式：这是一张提货卡，每张提货卡的成本为30~50元，客户在使用这张卡时要充值100元（半年后换滤芯的费用），这样，商家就可以把这台高端净水器免费通过快递寄给客户。

要注意的是，我们在选赠品的时候，一定要关注赠品的品质，品质一定要靠得住，而且这个赠品本身是非常有诱惑力、性价比非常高的。比如2980元的净水器，网络上就以这个价格出售，客户评价也不错。我们一定要找这种优质的赠品。如果你的赠品的质量没有保证，而主体产品价格又虚高，是很难成交的。即使卖了，赠品的质量问题也会连累主体产品的形象，反而画蛇添足。

好的赠品能够让你的主意鹤立鸡群。

高价值成交法

我经常说，三流的业务员卖功能（产品或服务的功能），二流的业务员卖优势（比较优势），一流的业务员卖价值（客户需要的是价值）。

以最近特别火爆的一个App（应用程序）"好省"为例。"好省"是一个综合性的导购优惠返佣创业平台，是和淘宝、天猫、拼多多、京东、唯品会、苏宁合作的第三方推广平台。进入"好省"这个平台，就可以把所有的优惠券找出来，这样客户就可以省钱。根据"好省"官方公布的数据，2019年使用"好省"购物的客户平均节省了11 494元，每个月差不多省1 000元。

现在，我们家的衣食住行玩都通过"好省"下单，每个月可以省5 000元左右，因为我们是一个八口之家，日常消费开支非常大，所以非常感谢朋友给我下载了"好省"。

但是，"好省"这个App，很多人介绍得不清楚。很多人一开口就说，有一款导购返佣平台，你下载一下，自用省钱，分享赚钱，这个App里面有××功能，买××可以省钱。这是典型的"讲功能"，你还没介绍完，对方就已经没耐心听了。

其实，推销产品一定要有一个正确的顺序。

高价值成交法的沟通流程是：先讲价值，再讲功能，最后讲优势。

> 案例 如何给白领推荐"好省"？

"请问，今年这个疫情，对你们公司有没有影响？"

"若你去找老板每个月给你加薪 1 000 元钱，你觉得他会不会同意？"

我相信，受疫情的影响，加薪对于大多数人来说都是幻想，但是，我会这样问，"有一个 App，用它来买米、买油、买菜、加油、充话费、买衣服和其他用品，在不改变你的消费习惯的情况下，每个月可以为你省 1 000 元钱以上，你会考虑了解吗？"

我相信 90% 以上的人会考虑了解，每月省 1 000 元钱，谁会拒绝呢？从理财的角度来讲，开源与节流同样重要，省钱就是赚钱。

讲完高价值，接下来就讲功能，把 App 每一个模块的功能都演示一遍。

然后，讲它的优势，好省 App 的优势就是它是一款综合性导购返佣平台，它为全网导购，客户选择的余地大。类似的平台也很多，例如"芬香"是专门为京东引流的，"有品有鱼"是为小米引流的，但是好省是全网导购的平台，操作也很简单，体验感更好,更关键的是,注册好省不需要花钱,同时它还可以给新人免单。

逻辑很重要。我经常说,成交有两点非常关键,第一是逻辑,第二是人性。

阶梯式成交法

在讲解阶梯式成交法之前，我要强调一个核心观念，就是"客户永远比准客户重要得多"。当客户还不是我们的客户时，我们的身份是推销员；当客户成为我们的客户时，我们的身份是服务员。大多数人都比较反感推销，但都期待好的服务。如果我们已经有很多客户了，我们就要把 80% 的精力放在面向老客户的服务上，这样老客户就会给我们转介绍，我们的生意就会越来越好。

如果你现在没有什么老客户，获取新客户就变得非常重要。但是，把一个潜在的客户变成客户是不容易的。销售一定要遵循先易后难的原则。

阶梯式成交法主要有三步：

引流爆品设计

引流爆品，是指增设一款吸引人的诱饵产品，获得与目标客户无阻碍沟通的机会。不管你的产品是实物还是服务，你都可以设计一款属于自己的个性化引流方案，继而在后端设计更加丰富的嵌套产品，用来留客及锁客。可行的操作有：

第一，免费赠送产品。举个例子，新冠肺炎疫情期间，各家保险公司都推出了免费赠险。这不仅是保险公司在疫情期间勇敢承担社会责任的表现，同时也是获客的最佳工具。疫情期间，各家保险公司通过赠险累计获客两亿人次。

第二，推出一些单价低、价值高的产品。例如"好省"App，里面就有很多单价低、价值高的产品。比如5本书卖29.8元，市场价39.8元的灭蚊器只卖9.8元。这样，就可以吸引流量，用单价低、价值高的超级赠品引流，然后把这些流量留住。

转化产品设计

针对免费客户或单价低的客户，通过电话、微信或实地拜访，一对一地做需求分析，然后为他提供解决方案，促成新单。

黏性产品设计

通过后续为客户提供超过其预期的服务,不断提升客户的满意度,这样,订单就会源源不断。

零风险成交法

如果想让客户顺利地、没有顾虑地和我们成交，唯一的办法就是规避客户在成交过程中可能遇到的所有风险，直到客户没有任何顾虑，接受你推荐的商品。我们将这种策略称为零风险成交法。

既然是零风险，那么，在成交的每一个环节，我们都要消除风险，进而消除成交的主要障碍，也就是说，商家要承担和客户交易中的所有风险。当商家承担了交易中的全部风险时，成交将会变得非常有吸引力，销售过程也会非常简单。

零风险成交法的底层逻辑：安全感诉求。

每个人都想要安全感，安全感是最低标准也是最高标准。比如，当我们找对象的时候，首先这个对象要靠谱，如果不靠谱，那么我觉得，即使对方长得再漂亮也不合适。只要你想结婚，就应该把安全感排在第一位。怎么给对方安全感呢？肯定不能仅靠嘴上的承诺。方法有很多，比如，有钱人在找对象的时候，如果担心对方目的不纯，就会做婚前财产公证。

安全感使得零风险成交的方法有了很多应用案例。从金融角度来举例，比如抵押贷款，你去银行借钱，银行凭什么借钱给你？答案就是你把东西抵押给银行，你抵押房子、车子，或者保单，然后银行给你钱；你借钱的时候，还要提供配偶或者好朋友的企业用于担保。这些都是零风险的成交方法，简单来讲，如果你要借钱，你想成交，对方就要采用这些方式控制风险。

> 案例　五措并举，翡翠经销的成功突破

在深圳市龙岗区布吉街道有一个村，村里都是经销翡翠的，其中就有我的一个朋友。我刚认识他的时候，他一年的营业额大概是2 000多万元，在他们村所有翡翠经销商中排在前10%。他一直想突破，做大做强是每一个生意人的梦想，可是突破谈何容易。

我们知道，买翡翠最怕两件事。一是担心买到假货。翡翠有A货、B货和C货。A货都是真的，B货是对翡翠做了一些处理，C货基本上等同于假货。但是普通客户对翡翠了解得不多，不具备一定的鉴别能力。二是担心买贵了。"黄金有价玉无价"，这就是翡翠购买的一种难度，买到性价比高的翡翠，完全靠运气，客户大多是吃亏上当的。例如，商家要价1万元的翡翠，你出价1 000元，可能还是买贵了。

如何突围呢？答案是要站在客户的角度考虑问题。销售不是卖，而是买，当商家学会从客户的角度考虑问题时，生意就会越来越好。

我们在做零风险成交的时候，要永远站在客户的角度来思考问题，客户的底层需求就是要买的这个东西是靠谱的，这也是安全感的诉求，所以我们一定要帮助客户做好风险控制。

什么是为客户创造价值？就是你要站在客户的角度去想办法，假如你现在是一个客户，你怎样才能买到货真价实的东西？你怎样才能相信这个东西是货真价实的东西？这就是我们要去思考的。

做销售时，只要站在客户的角度考虑问题，你就成功了。

翡翠经销如何突破？

第一个措施：明码标价。我当时和那位翡翠经销商说，现在整个翡翠街都是乱标价的，我们能不能明码标价，实实在在卖？比如这个东西值5 000元就标5 000，值6 000元就标6 000。但是，你标这个价，别人就相信你了吗？我们又推出第二个措施。

第二个措施：风险控制。采取的方法是一年以后可以增值回购。因为翡翠的价格每年都在涨，我们就提出一个增值回购的方案：一年以后，如果客户不满意，就在原价格的基础上加10%进行回购，比如，之前是以10 000元钱卖出的，现在就以11 000元钱的价格回购。

第三个措施：担保。客户凭什么相信你能做到呢？答案是找一个机构担保。机构凭什么给你担保呢？答案是用老板的房子去抵押做联名担保。

我们必须保证自己卖的东西是真的，所以，如果做好担保措施，客户就不用担心商家跑路或被商家忽悠了。

第四个措施：把选择权还给客户，一年之内随时可以来换货。客户买了，马上来退，也不行，因为现金流会出现很大的压力。但是，一年之内，客户如果不喜欢这个款式，就可以拿过来换，客户可以随时去鉴定，如果发现是假货，就履行"假一赔十"的承诺。

第五个措施：宣传。怎么让别人知道这些措施和方案？充分利用各大权威媒体进行宣传，甚至可以召开发布会。

当年，这5个措施一经实施，那位经销商的营业额就从2 000多万元增加到8 000多万元。后来，这个公司还在新三板挂牌上市。

在成交的时候，不论是公司老板还是普通的销售代表，都要有这个思路。

> 案例　保险产品的犹豫期

保险公司设置保险犹豫期，其实也是零风险成交法的具体应用。

保险犹豫期，是指投保人在收到保险合同后，在合同约定的时限内（各家公司、各个产品的时限有所不同），如不同意保险合同内容，可将合同退还保险人并申请撤销。在此期间，保险人接受投保人的申请，撤销合同并退还全部保费。

比如，平安的犹豫期是 20 天，在签了保单之后 20 天之内，你可以退保，损失为零。在加拿大，保单犹豫期长达 6 个月，客户根本就不用担心，半年之内退保没有任何损失。现在市场竞争越来越激烈，要给客户足够的安全感。

> 案例　京东的"211"限时达

京东向来以物流配送作为自己的特色，并宣扬"211"服务，这种独创的服务类型使它笑傲电商江湖。

211 服务是一种京东特色物流配送服务，即当日 11:00 前提交的现货订单（天津、东莞、深圳、杭州为上午 10:00 前，以订单出库后完成拣货的时间点开始计算）当日送达；23:00 前提交的现货订单（以订单出库后完成拣货的时间点开始计算），次日 15:00 前送达。只要是标注"211"的订单，按照下单时间，不是当日达，就是次日达。

其他特色服务还有某些电商的 7 天零风险承诺等，实际上这些都是零风险成交方法的应用，这就降低了成交的难度。客户不用担心买到假货，买回去可以先看看，不满意就退。运费由商家来承担。

零风险成交法，核心是做好客户风险的控制，行业不同，但它们的逻辑是一样的，因为每个人都有对安全感的诉求。

节假日成交法

节假日成交是指在节日期间，利用客户节日消费的心理，综合运用广告、公演、现场售卖等营销手段，进行产品、品牌的推介活动，旨在提高产品销售力，提升品牌的形象。对于一些节日消费类产品来说，节日营销的意义显得更为重要。每一个节假日都会变成商家营销的战场！

现在很多节日，比如情人节、母亲节、儿童节、感恩节等都被商家利用。中国的很多传统节日，比如春节、端午节、中秋节等，也都被各商家充分利用。

适合使用节假日成交法的日子，可以分成三大类：

一是传统节日，如春节、端午节、中秋节；

二是人造节日，如"双11""双12"，以及假期营销；

三是好日子，比如客户的生日、结婚纪念日等。

> 案例　"双11""双12"购物狂欢节等人造节日

这几年，人造节日让无数"剁手党"夜不能寐，这里说的人造节日，就是"双11""双12"购物节。支付宝的张勇，现在阿里巴巴的接班人、董事局主席，把普通的日子变成了电商的节日。"双11"是由电子商务引领的在全国范围内兴起的大型购物促销狂欢日。自2009年开始，每年的11月11日，以天猫、京东、苏宁易购为代表的大型电子商务网站都会进行大规模的打折促销活动，以提高销售额，逐渐成为中国互联网最大规模的商业促销狂欢活动。2019年"双11"，天猫全球狂欢节总成交额达2 684亿元。京东全球好物节，累计下单金额超2 044亿元。而且，各大电商也都在搞"双12"的促销。现在平安也在做"双12"的财富节目。

现在，很多公司都在打造一些人造节日，比如公司的周年庆。根据产品的类型，可以好好运作一个节假日，特别是"双11""双12"这种节日，很多厂家、电商可能提前半年就在策划"双11"活动。也许我们在"双11"那一天挣的钱相当于半年挣的钱，甚至超过半年挣的钱，这就是节假日成交法的运用。

大企业一旦造势，其他人就顺势而为。有人说，我也造一个节，比如说5月5日，我叫它"55节"，但舞不起来。所以我们要做的就是顺势而为。像平安这种传统保险公司，虽然现在也在接触科技和金融，但它想造几个节日也很难。当然，平安也会推广它的司庆日，比如，5月27日是平安的"生日"，每年这个时候，平安都会去做一些促销活动。

此外还有假期营销。每到寒假、暑假，各个培训机构都要做促销、搞活动，而且一定要提前做准备，在学生放假前一个月就开始策划。在这种情况下，我们就要展开攻势，接下来就开始做一些成交动作。

比如，有一个叫"智造家"的培训机构，这几年在深圳发展得很好，已经有接近50家连锁店了，它们的假期营销做得特别好，环环相扣，到什么时候就做什么事，你只要预存100块钱就相当于存了500块钱，还可以参加砸金蛋抽奖，这些都是做假期营销的一些具体措施和思路。

> 案例　生日成交，乔·吉拉德卖出职业生涯的第一辆车

我在这里分享一个非常经典的案例，看看别人是怎么做生日营销的。

乔·吉拉德是对我影响特别大的一位销售人员。乔·吉拉德的起点并不高，他37岁才开始做销售，之前因为一些原因进了监狱，从监狱出来之后，因为找不到工作，所以他通过在雪佛兰汽车4S店工作的朋友，找了一个临时办公位置。因为不能跟正常的销售人员一起办公，而且不能在展厅销售汽车，因此他只能通过打电话约访客户。因为电话销售汽车难度非常大，所以他一直没什么业绩。

有一天，快要下班了，所有销售代表都走了，只有一个销

售助理还在展厅,这时,一位贵妇人来看车。乔·吉拉德看到了,就很开心地迎上去说:"这位女士,这么晚您还过来看车。"这位女士看了一下乔·吉拉德,说:"是这样的,我是去隔壁买奔驰的,奔驰的小伙子还没到,我就顺便来你们店这里转一下。"注意,今天她不是来买雪佛兰的,而是来买奔驰的。乔·吉拉德就问她为什么选择今天来看车。这位女士说:"因为今天是我的生日,我想买一辆车给自己作为生日礼物。"大家看看,生日是一个很重要的成交理由!

乔·吉拉德马上叫来助理,并对这位女士说:"没关系,您先转一转,我给您倒杯水。"然后叫助理到隔壁的花店买了一大束花。接下来乔·吉拉德跟女士说:"祝您生日快乐!"大家思考一下,假设你是那位女性客户,你会怎么样?你一定会非常感动。最后,乔·吉拉德就卖出了他职业生涯的第一台车。这时,他发现,只要用心做事,就有成功的希望。在乔·吉拉德的职业生涯中,他平均每天可以卖出 6 台雪佛兰汽车,这个成绩连续保持了 15 年,所以他是吉尼斯世界纪录的保持者,被称为全世界的推销之神。他的成功就是从生日成交法开始的。

其实,很多领域,比如珠宝、房子、汽车,还有保险,都可以使用生日成交法,在客户生日那一天,利用生日促成交易。我们可以把客户的年龄做成保额,比如,客户 38 岁,我就做一个38万元保额的保单，作为客户的生日祝福，这样成交就变得很有意义，也会变得更简单。也可以把客户的生日做成礼品，比如生日纪念钞，重点在于人民币上的8个数字。举个例子，我的生日是1975年2月19日，我就会寻找号码中含有19750219的人民币，这套钞票（含100元、50元、10元、5元、2元、1元的一套人民币）的号码是我的生日。这样特殊又尊贵的礼物，在促成一些大单的时候非常有效。关键是，生日纪念钞也不贵。

> **案例 把一个好日子做成一门生意**

一位朋友开了一家婚宴酒店，除了结婚、孩子满月和结婚纪念日，不办其他方面的宴席。

他把酒店做了改造，比如，他想让客户像明星一样用升降台出场，走红地毯。结婚是人一生中最重要的日子，他把客户打造成明星。他的诉求就是，结婚的两个人要一辈子走下去。他认为，结婚之后，夫妻应该过一个共同的生日，就是结婚纪念日。这就发出了一个信号，他说坚持每年庆祝结婚纪念日的夫妻离婚率极低，因为每年结婚纪念日他们都会隆重地庆祝一下，叫上好朋友，见证他们一同走过的路。基于这个诉求，他把生意做得风生水起。

一家专门做婚宴的酒店，把一个好日子做成一门生意。

近年来，婚宴主题酒店日渐兴起，这就是抓住结婚这个重要的日子来做文章，开拓婚宴市场。酒店以"为客户设计一场浪漫幸福的花开并蒂"为定位，以客户为出发点，以客户感受为标准，以幸福圆满为宗旨。

转介绍成交法

美国寿险销售高手约翰·沙维祺著有《最高行销机密》，其行销的最高机密就是转介绍。为什么转介绍是最高行销机密？因为成交的底层逻辑就是信任。客户之所以和你成交，是因为客户相信你。

我的大儿子今年16岁，可能因为遗传吧，他对销售这件事特别感兴趣，前段时间批发了一批运动耳机，对不同的人卖不同的价格。我就跟他讲，能够和你成交的人都是相信你的人。做人、做生意，最重要的是信任，生意不是做一锤子买卖，而是要做一辈子的。耳机一定要有统一定价，而且不要定得太高，有30%的毛利就好。做事先做人，一定要让相信我们的人买到性价比高的东西。

> 案例　"面料之王"世家宝，做客户一辈子的生意

世家宝（Scabal）是全球服装面料行业最厉害的品牌之一，像爱马仕、路易威登（LV）这样的品牌，很多产品的面料都来自世家宝。它的广告是："用金钱能够买到的最好的面料！"近

几十年，全球面料的重大技术突破几乎都来自世家宝。自工业革命以来，英国纺织业一直执世界纺织业之牛耳，世家宝则是其中最优秀的厂商。世家宝被公认为全球最好的布料品牌之一，原因在于其信条是"我们从不考虑降低原料成本"。世家宝只采购最好的原料，超细羊毛的舒适、羊绒的柔软、真丝的优雅，经过精纺细织，以确保任何布料都对得起世家宝"面料之王"的美誉。

世家宝的面料没有在奢侈品店出售，很多人并不知道世家宝，但是那些显赫家族、王室贵族，都用世家宝的布料做衣服。

世家宝一套西装起步价基本在5万元以上，平均售价每套20万元左右。在中国，它的干洗店铺目前只有广州和上海才有。世家宝中国区首席执行官是我的朋友，所以我对世家宝这个品牌有一些了解。他说，真正的有钱人永远对自己买不起或买不到的东西感兴趣，世家宝是奢侈品店里都买不到的商品，只有这样，有钱人和有地位的人才会更感兴趣。

世家宝是奢侈品中的奢侈品，它的客户人群主要是靠转介绍得来的，它的理念是："成为世家宝的客户，就会是一辈子的客户，世世代代成为世家宝的客户！"这个理念非常厉害。它不是只做客户一次生意，而是做客户一辈子的生意、世世代代的生意！我就请教我朋友：怎么能够做别人世世代代的生意？他们的客户是大企业家的家族和一些政治家，比如洛克菲勒家族、罗斯柴尔德家族。他们不仅做衣服,还规划整个家族的衣着文化,传授穿着的礼仪以及怎么体现家族的特征。这个家族长盛不衰,即使买贵一点儿的衣服,这笔开销对他们来说也是一笔小钱,重要的是怎么把家族的品位穿出来,把家族的风格传递出来。而且,整个家族一起购买也会有优惠,世家宝也会有一些针对家族的套餐。他们怎么拓展业务?会去街上发传单打广告吗?事实上并没有,他们只是把转介绍做到了极致。

保险销售的转介绍的设计和操作

　　转介绍成交法,你时时刻刻都会用到。因为最好成交的客户就是转介绍的客户。转介绍客户最核心的要点是他带给你信任背书。人与人之间最大的成本是沟通成本,核心是信任成本。我不相信你,你说得再多也没有用。比如,你跟银行借钱,银行不相信你,需要你做抵押;你跟朋友借钱,朋友不相信你,他要你找个担保。这些都是信任问题。如果关系好,你跟朋友借钱就不需要担保,甚至不需要借条,朋友会直接把钱转给你。

　　转介绍成交法具体如何设计和操作?保险从业人员如何用转介绍法来拓展业务?

　　保险业务员每签一张保单,都可以让客户写三个紧急联络人,这三个人就是在假设客户面临重大风险的情况下,客户第一时间要告诉的三个人,这三个人一定是和客户关系好的,而且要有一定的经济实力,关键时刻能帮上忙。基于人性,我们建议不告诉父母,因为,如果告诉父母,父母可能会着急,万一老人身体不好,就容易出问题。但是,这三个紧急联络人肯定要包含配偶,而且,这三个紧急联络人应该和你在同一个城市,如果他们天南海北,那么出现什么情况你可能联络不上。客户把名单给我以后,我还要和这三个紧急联络人见面,告诉他们客户买的保单的一些保险责任,如果出现一些情况,就要告诉客户的朋友,而且这些朋友是能拿到钱的、和客户关系很铁的,因为关键时刻要接电话,可能需要动用一些资金。有时候,这些朋友很有可能成为你下一个保单的客户。这就是保险的转介绍成交法。

保险业普通销售员平均每个月一张保单,而一些顶级的销售员一年可以签几百张保单,为什么区别这么大?关键就是是否掌握了转介绍成交法!

其他行业也一样,万科地产在客户转介绍这方面做得特别好。举个例子,如果他们的老业主介绍新客户去买房子,就赠送老业主两年的物业管理费,或者直接给现金。还有恒大地产,2020年,只要注册,买房子就可以省钱,如果分享给朋友,而且朋友也在恒大买了房,你就可以赚佣金。疫情期间,恒大在全国的房都卖得很好，这些都是转介绍成交法的运用。

转介绍的主要模块和驱动点

转介绍路径主要分成两个模块：

第一个模块是普通转介绍，谁都可以帮你做转介绍。比如，在恒大，你只要注册，就可以成为它的转介绍中心会员。

第二个模块是客户转介绍。万科在这方面做得特别好，客户转介绍的效果当然更好。前面讲的保单紧急联络人就是客户转介绍，世家宝的策略也是客户转介绍，而且是最优秀、最显赫的家族转介绍。

转介绍最核心的两个驱动点是经营动力和化解阻力。

经营动力，可以打"物质牌"，也可以打"精神牌"。物质牌就是像万科、恒大那样直接给客户钱或者减免物业费。当然，也可给转介绍人颁奖，给他荣誉。

化解阻力。别人为什么把客户介绍给你？这里有一个逻辑，对方一定对你提供的服务非常满意。例如，我在你这里买了保险，但是因为种种原因让我感觉到不愉快，你觉得我会帮你介绍客户吗？答案是不会。如果我在万科的小区住得不舒服，天天有人拉横幅投诉，那么，你觉得我会介绍朋友去买万科的房吗？底层逻辑是客户满意度，如果客户不满意，那么一切免谈。

只有满意客户、忠诚客户才能带来转介绍，才是最值钱的

简单来讲，客户又分成四大类。

第一类客户叫抱怨客户，如果不满意，他会抱怨，会投诉，甚至会拉横幅闹事，等等。在没互联网的时代，一个抱怨客户可能只会影响周围 100 个人。但是现在，如果你没有处理好，一个抱怨客户就可能让你的公司蒙受灭顶之灾。很多时候，面对一个抱怨客户，没处理好就会出事。类似于三株口服液的案例很多，可能一个案例没处理好，公司就会陷入经营危机甚至破产。

所以，要想把产品或服务做到位，就一定要让客户满意，这是转介绍成交法的基础。

第二类是合格客户，就是买了一次以后就没买过第二次的客户。客户没有投诉公司或销售代表，并不代表客户满意，我们一定要设法激活这样的"休眠"客户，一定要找到客户不满意的地方，进行改善，要把这些客户争取回来。

第三类是满意客户，就是重复购买的客户。如何提升客户

的满意度？我们知道，销售的本质是价值交换，而价值＝产品或服务的利益／价格，简单来讲就是性价比。提升价值有三种方法：一是价格不变，提升产品或服务的利益；二是维持产品或服务的利益不变，降低产品的价格；三是既降低价格，又提升产品或服务的利益。

  客户的满意度是如何产生的呢？如果商家提供的价值大于等于客户的期望值，客户就会满意；如果小于客户的期望值，客户就会不满意。所以，培养客户的满意度的核心是管理客户的期望值。

  第四类是忠诚客户，不但自己重复购买，而且会源源不断地介绍客户过来购买。

  所以，对于一个企业、一名销售人员来说，满意客户和忠诚客户才是最值钱的。因为只有满意客户和忠诚客户才会给你带来优质的、源源不断的转介绍。所以，我们一定要想尽一切办法去提升客户的满意度和忠诚度。

免费成交法

传统经济学认为,商品的价格等于经过充分的市场竞争后的边际成本,成本通过竞争可以降到最低,但永远不会是零。而对于一个成本不是零的东西,你通过免费的方式出售,就是在扰乱市场的价格。

《免费:商业的未来》作者、美国《连线》杂志总编辑克里斯·安德森在其书中宣称:一种新的免费商业模式正在基于互联网产生,而且即将挤垮很多传统市场,它代表数字模式的未来。

安德森认为,新型的免费,并不是一种左口袋出、右口袋进的营销策略,而是一种把货物和服务的成本压到零的新型卓越能力。这种新型的免费商业模式,是一种以字节为基础的经济学,这是数字化时代独有的特征,如果某一样东西成了软件,那么它的成本和价格也会不可避免地趋近于零。这种趋势正在催生一种新经济,在这种新经济中,基本的定价就是"零"。免费不仅仅是一种营销策略,还代表数字化网络商业的未来。

对于个人来说,免费是一种涤荡旧有思维的商业体验;对于企业来说，免费更多的是一种生存法则，一种可以改变旧有发展模式、实现脱胎换骨的动力机器。

当前这个时代，正经历种种商业模式的异化或升级。很多东西可以白拿，很多服务可以免费享受，但这不是"免费午餐"，商家会由此得到我们的信任，让我们交付更有价值的东西。

免费模式不是不赚钱，而是实现了"盈利点的偏移"，用一句通俗的话来说，就是羊毛出在猪身上。所以，这是一个趋势，这个思路会逐步蔓延到更多的商业领域。免费的商业模式在我国已经有很多了。我们来看看实际上数字化网络商业的未来。

> **案例 互联网企业的免费策略**

在互联网时代，免费模式有着深远的影响。用免费产品和服务吸引用户，再通过增值服务或其他产品收费，已成为互联网企业的普遍成长规律。

最早推出免费策略的是"360"，它利用免费模式战胜对手，打败了其他收费杀毒软件，异军突起，成了行业的龙头。

百度、百度地图、高德地图、QQ（腾讯旗下的聊天软件）、微信等，对用户都是免费的。我们是软件的用户，这就是它的价值，它就会拥有更多的其他客户。比如，百度为商家做推广，用户用百度进行搜索是免费的，但当用户向百度传达出所寻找的商品的线索后，百度就把用户的注意力卖给相应的广告商并借此赢利。

用QQ聊天是免费的。当用户越来越多，形成一个彼此分不开的黏性社区之后，QQ用户不仅在这里聊天，还在这里玩游戏、看新闻、看电影、购物。正如马化腾所说："做免费QQ就是建立个人生活的平台，免费用的人越多，平台黏性越强。一旦平台有了，想流什么流什么，想卖什么卖什么。"

微信目前主要的赢利模式还是游戏，通过免费的形式聚集大量用户，然后做一些转化。

> 案例　吉列剃须刀的免费策略

其实，很多传统商业也在使用免费策略。例如，吉列剃须刀就把免费策略用到了极致。

吉列有个梦想：阻止全世界男性的胡须在黑夜里潜滋暗长。吉列刀片让这个梦想的实现成了可能。吉列的刀片剃掉了男人"面子问题"的麻烦。

当时，吉列在推广的时候也非常困难，于是采取刀架免费的策略，刀架领回去后，客户就要购买刀片，吉列公司靠卖刀片赚钱，并由此开启了吉列的商业传奇。

免费成交法，不仅是一种营销策略，更是一种新经济、数字化经济的商业未来。

资源整合成交法

整合资源是商业的最高境界之一。

整合资源,简单来讲,就是借力、使力、不费力。借,是最高智慧。中国历史上有一个人物,被誉为智慧的化身,那就是诸葛亮,诸葛亮实际上就是一个整合资源的高手。草船借箭是我国古典名著《三国演义》中赤壁之战的一个故事。周瑜故意提出 10 天造 10 万支箭,机智的诸葛亮表示只需要三天。后来,有大雾天帮忙,诸葛亮再利用曹操多疑的性格,调了几条草船诱敌,最终借到 10 万余支箭,立下奇功。这就是整合资源的大智慧。

这里先给大家讲几个案例。

> 案例　牛根生的智慧与蒙牛的崛起

蒙牛的创始人牛根生先生的经营智慧非常厉害。牛根生原来是伊利的高管,因为跟上层领导意见不合,离开了伊利,其实他当时已经 40 多岁了,去北京找工作,但是没有找到合适的。于是他就回到内蒙古,与一些高管一起创业,共筹集 1 300 多万元。这1 300多万元连一条牛奶的生产线都买不了,怎么生产牛奶?

要做成这件事情需要解决四个问题:一是要有生产设备;二是要有奶源;三是要有人才;四是要有品牌。

牛根生是怎么解决这四大难题的呢?

第一,没有生产线。没有生产线,就去盘活闲置资源。当时他就去了哈尔滨一个国营牛奶厂,盘活了那里两条闲置的生产线,根据每个月的出奶量,给牛奶厂付钱。反正这两条生产线也闲置了,设备不用还容易坏,所以双方很容易达成共识。

第二,奶源的问题。要想有自己的奶源,就要有农民去养牛。农民需要用钱去买牛,他就找到当地银行给农民贷款。农民担心牛奶卖不出去,没钱还贷,双方就签了一个协议,农民把牛奶卖给蒙牛,蒙牛再把钱还给银行,把多余的钱给农民,这个问题就解决了。

第三,人才资源。每个到蒙牛上班的人才都可以得到一套房子,这样,人才就整合过来了。有了人才,就可以把企业做大,对于政府来说,这解决了培养企业、增加税收的问题。事实上,政府也想扶持一些有想法的企业家,只要你能把逻辑讲通。

第四,品牌的问题。当时内蒙古有1 000多家做牛奶的企业,蒙牛起初只排在1 000多名,怎么把品牌推出去?蒙牛就从1 300多万元资金里拿出几百万元做路边户外广告,上面写着

"蒙牛和伊利一起把内蒙古乳业推向全世界！"伊利那时是内蒙古乳业的"老大",那些经销商、渠道商认为,蒙牛跟"老大"一起打广告,应该是"老二"。这就是在整合资源方面借力,整合了"老大"的品牌资源。

像火箭般崛起的蒙牛集团离不开创始人牛根生整合资源的大智慧,牛根生说,98%的资源靠整合,资源整合可赢天下。

> **案例 高端会所的获客**

最近,我有一位朋友,经营了一个高端餐饮会所。要想经营好一个高端会所,就要经营好高端的人脉。高端的人为什么要来这里?就是因为这里有高端的圈子。他是怎么经营的呢?高端会所怎么获客呢?

他整合了王石先生和"食神"戴龙的品牌号召力来为他发展会员,同时他给会员起了一个很好听的名字:馆主。他以王石先生的新书发布和吃"食神"的炒饭为由发出邀请。

2019年,王石先生出了一本书,叫《我的改变:个人的现代化40年》,而王石先生的履历和号召力,大家都清楚。

"食神"戴龙,13岁开始做厨师,今年71岁,是香港大师级厨王,中国菜文化传播专家。

"食神"的一份蛋炒饭,不仅价值5 000元钱,还要预约。你来参加这个活动,一来可以参加有王石先生的小范围聚会,二来可以吃到5 000元钱的炒饭，结交60个高端的人，一个上午的活动费用是1万元钱。这就是精准客户。他就是用了转介绍的方法向外推送的，王石先生一对一私聊的机会、60个高端人士，加上"食神"的5 000元炒饭（"食神"还可以教你怎么做这个炒饭），你会感觉1万元花得特别值。能够花1万元来吃饭的人，很可能会成为会馆的馆主。那一天，一共有60个人参会，结果有30个人成了馆主，成交率高达50%。

> **案例　红酒营销帮客户整合资源**

我有一个客户是做红酒的，我也有很多客户喜欢喝红酒。做红酒生意的这个客户是做全国批发的，渠道商批发给他，他批发到全国各地，他的价格体系是"零售价、团购价、批发价"。比如，一瓶以零售价出售，一箱以团购价出售，大于等于5箱以批发价出售，另外，还有一个总代理价格。

现在红酒生意不好做，该客户压力非常大。我就跟他讲，如果买家是我的客户，你就直接以批发价出售，按照渠道商的价格卖给我的客户。我整合我那些喝红酒的客户办一次品酒会。我手上也有国家级品酒师资源，你可以请一个国家级品酒师来教大家品酒。那天，通过整合资源，来了50多位客户，几乎人人都买了酒，成交量非常高。来的就是爱喝红酒的客户，他们买到了好的酒，觉得性价比特别高。原来他们是以团购价买入的，现在是以批发价买入的，价格是他们平时买酒价格的 4 折。而且他们听了一堂高品质红酒鉴赏课，同时积累了一些比较优质的人脉资源。

整合资源分成三个步骤：

第一个步骤是 1+1=2，这是初级整合；

第二个步骤是 1+1=11，效果达到 5 倍以上，这是中级整合；

第三个步骤是最高境界，1+1="王"，把 1+1 竖起来就是一个"王"字。

学会整合资源成交，你就是成交之王。

爱与责任成交法

成交就是经营客户的动力,化解客户的阻力。核心动力其实只有两个,一是逃避痛苦,二是达成愿望。达成愿望就是人的动力。比如,我去健身,我就想达成身体健康、保持身材的愿望;逃避痛苦也是动力,比如我去医院看病,其本质就是逃避痛苦。

爱和责任是最伟大的动力

在日本发生过这样一件事。有一位母亲去买菜,回来的时候发现她的孩子在四楼的窗户外面,眼看就快要掉下来了,非常危险,这位母亲立即把菜丢掉,马上跑过去,接住了孩子,最后母子平安。

后来有人把这位母亲跑这一段距离的速度做了测算,发现竟然达到了国家级运动员百米冲刺的速度。这位母亲只是个普通人,为什么这个时候她能激发出这种巨大的潜力、能力,原因就在于内心的爱和责任。

保险是一种在需要的时候无法买到的商品

保险产品是一种销售难度特别高的产品，因为它是全世界唯一一种在需要的时候无法买到的商品。吃的、用的东西可以等到需要的时候再买，比如我的水杯打破了，或者我要换个酷一点儿的，我随时可以买到新的水杯。但是保险是全世界唯一一种在需要的时候无法买到的东西，只能在不需要的时候买它。

越南战争时期，美国一家保险公司设计了一款产品，只要投100美元，就可以保5万美元。5万美元在当时是很值钱的，但当时投保率只有24.3%——要上战场了，投保率都这么低！后来，越南战争持续了很多年，死亡人数非常多，损失惨重。

对于购买保险，大多数人都有侥幸心理。经常有这样的情况出现：今天，某人生病了，就觉得保险很重要，过两天痊愈了，他就觉得自己不可能生病。因此，保险销售的沟通方式很重要，要想成交，就不能这样讲，否则对方可能就会很抵触。我们可以用爱和责任来成交。

> 案例　我不但可以照顾你们的现在，还可以照顾你们的未来

我先给客户讲一个保险案例，再用类似案例跟客户沟通。

我问："请问，先生，您觉得什么是爱？"客户会说很多答案。

接着，我就给他讲了一个故事，这是一个公益广告。

有一个小女孩问爸爸："爸爸，你每天都说你爱我和我的妈妈，请问爸爸，什么叫爱？"爸爸说："孩子，爱就是责任，就是要负责任。"

这个答案非常好。然后孩子问："请问爸爸，什么叫责任？"

爸爸说："责任是我不但可以照顾你和妈妈的现在，还可以照顾你们的未来。"

孩子又问："那么，爸爸，假设你现在生了大病，你还能照顾我和妈妈吗？"

我说："请问，先生，您怎么看待这个问题？"客户认为非常值得思考。

"您有没有想过，当您有一天生了重病的时候，碰到意外的时候，不能照顾您的孩子、配偶或者父母的时候，谁可以替您照顾他们？您身边的朋友、兄弟能不能替您照顾？替您照顾多久？一个月、两个月？一年、两年？五年、十年？您的孩子现在这么小，请问您能找到这样的朋友吗？"

这个时候，客户一定会陷入沉默。

"先生，如果这个时候有一个人能够替您照顾他们，您想不想认识一下？"客户说："当然想。"

"这个人就是保险公司，保险公司为您承担责任。请问您要不要付出一点儿代价？保险公司给您承担100万元的责任，您可能要支付1万元保费。当然，某些保险产品其实类似于储蓄，如果一生平安，您交的钱还可以拿回来，所以我一直没有想到人们不买保险的理由，人人都需要买保险，因为人人都会面临生病和死亡。生病都要花钱，那么，花自己的钱还是花别人的钱？人们肯定愿意花别人的钱。花多少钱？如果是100万元、200万元，那么这个金额对于很多家庭来说承受不了，但可以由保险公司来承担。这就是爱和责任。"

> 案例　爱与责任的启发，成交55张保单

最近我成交了一个单位的55张保单，就是因为我跟企业老板讲了爱与责任。

我说："新冠肺炎只是疾病的一种，影响人健康的疾病挺多的，还有流感、癌症、心脏病等，非常多。"

"对于你的企业来说，最核心的资产实际上不是你的设备，也不是厂房，而是这群跟你一起走、一起拼搏的员工。而你要得到这些员工的什么呢？不是得到他们的人，而是要得到他们的心。怎样得到他们的心？就是让他们感受到老板对他们的爱

与责任。"

"什么叫爱与责任？请问，假设你的员工得了重大疾病，你可以给他多少钱作为支持？"

他说，5万元钱。

"假设员工现在还有100万元的房贷，社保又解决不了全部的医药费，他可能还有80万元的缺口，单位捐款能捐多少？"

他说，估计能捐四五万元。

"80万元解决不了怎么办？员工就可能卖房子卖车子。如果你给他买一份百万医疗，一份重疾无忧，两个产品加起来保费只有几百元钱，你只有几十个员工，一年只需要几万元钱，但是你得到了所有员工的心。"

老板考虑了两天后，为所有员工投了保。这就是用爱与责任成交。

其实，很多卖房、卖车的商家都可以主打爱与责任的主题。前面讲到的婚宴酒店案例，主打的就是爱与责任。有些商家把爱与责任做成一个礼品，比如"脑白金""黄金搭档"等，这些孝敬父母的礼品中，其实也藏着爱与责任的潜台词。

爱与责任是最伟大的动力。爱与责任，责无旁贷；爱与责任，所向披靡！

一名成功人士，最核心的成功因素是
形成固定、高效的工作模式

我的第二个孩子在学习全脑课程。当时，它只是一个体验课，我带孩子去免费体验。上完课出来之后，孩子很开心，觉得挺好，而且得到了老师的夸奖。

老师问我："杨先生，请问，您觉得什么是天才？"

我回答："天才是有天赋的人。"

老师说："其实人人都可以成为天才，人与人的差别是非常小的。"

这确实是我自己感触非常深的，我在前面的内容中也讲到了。人群中，那种特别有天赋的人其实是非常少的，大多数人都是普通人，但是最后差别为什么那么大？老师说，是因为后天的学习。

我的小孩现在一直在学习这门课，我确实感觉孩子有了很大进步。

老师说："孩子有没有未来，有没有成就，有没有出息，最核心的就是专注力的培养。孩子如果真能静下心来做一件事情，那么将来必成大器。全脑课程主要训练孩子的专注力，这个孩子如果专注力强，他就是天才。"

我觉得非常有道理，欣然支付了2万元学费报了他们的课程。

一名成功人士，最核心的成功因素是形成固定、高效的工作模式。什么是固定、高效的工作模式？就是一段时间只做一件事。比如，我在讲课、学习的时候，就把手机关掉。

有一个钢琴培训机构，它的广告是"学钢琴的孩子不会变坏！"

这句话就抓住了爱与责任的精髓，我送我的第一个孩子去学钢琴，就是因为这句话打动了我，这就是用爱和责任的力量成交。

第三章
以成交为本的专业化流程设计

成交是王道,成交是销售最核心的事情。
所有流程都应该为成交服务,
所有偏离成交的流程设计都是错误的。

•

专业化的销售流程是一个闭环,
是环环相扣、生生不息的。

•

以爱心为起点、以欢心为目的地、用真心
付诸行动地做销售,不管成交还是不成交,
最后都是开心的。买卖不成情谊在。

销售流程每完成一个环节都向成交推进了一步，每一个环节结束，成交都会更近，而不是更远。

●

成交是一个结果，前面的每个环节，你都必须做到 100 分，这样，最后成交的结果才是 100 分。

●

经营人心，就是经营人的身、心、灵三个方面，以及安全感、关心感、尊重感、支持感、贡献感、趣味感 6 个维度。

爆品思维

在移动互联网时代，爆品代表专注于某类用户，代表以用户思维为导向的设计、研发、生产与销售，代表找到了用户真正的痛点，代表一款产品的销量可以达到几亿甚至几十亿。

如果你的公司有一款产品，其销售额超过公司总销售额的25%，它就叫爆品。

爆品的销售，其实也是把成交的策略发挥到了极致。

所有的成交竞争其实都是客户的注意力和时间的竞争。如果一个产品能够抓住客户的眼球，抓住客户的注意力，让客户把时间留在这里，了解这个产品，这个产品就成功了。所以，我们一定要为爆品而生。

爆品策略，就是把所有的研发、推广、营销策略，财务支持，都放在爆品上，把爆品策略用到极致。苹果公司把iPhone（苹果手机）做成了超级爆品，一个产品的利润就是全球手机厂商利润的总和。一代又一代的iPhone，为苹果带来了源源不断的现金流，使苹果公司成为过去10年的"现金之王"。之所以能获得几万亿美元的现金流，就是因为他们把爆品策略用到了极致。

如今是一个爆品当道的时代，在互联网技术日益发达的情况下，一款爆品的出现足以拯救一家濒临倒闭的企业。对于一家想要有所作为的企业来说，打造爆品成了一种必然选择。

李桥林先生的著作《爆品营销》，介绍了爆品的认知、爆品思维、客户的痛点、产品的爆点、爆品的定价、品牌的构建、口碑的传播、IP（知识产权）的打造等方方面面与爆品有关的知识，让读者更加全面、立体地了解爆品及爆品打造的全过程。

也就是说，首先，我们要有爆品的战略和思维。

专业就是"流程+工具"

成交的本质就是价值交换。成交的法门就是逻辑和人性。

专业就是"流程+工具",最后提供解决方案

很多行业都在学习医生的专业化流程,医生的流程是什么?你感冒了,去医院看病,医生首先问诊,了解情况,用听诊器听一听,用体温计量体温,接下来会让你验血。这个流程中,医生借助了工具,比如听诊器、体温计、验血的工具,接下来再给你提供解决方案。

专业化的销售流程是一个闭环,
是环环相扣、生生不息的

专业化销售就是按一定的流程、一定的方法,将销售过程分解量化,进而达到成交目的的销售过程。销售,从名单开发,

到约访、需求面谈、成交面谈，再到转介绍，整个流程是一个闭环。

线上销售也是一个闭环：把流量引进来，引起客户兴趣，引发客户购买的意愿，然后促销、成交，再通过成交的客户帮你做转介绍，让名单进入下一个循环。它是一个闭环，是环环相扣、生生不息的，这才是真正的销售。如果你做一锤子买卖，没有下一单，就非常失败。你看起来成交了，但是你在成交的路上会越走越辛苦，而且，因为你没有循环的理念，所以你不会重视对客户的服务，不会重视客户的满意度和忠诚度，最后自己陷入僵局，留下了一堆抱怨的客户。

所有流程都应该为成交服务，所有偏离成交的流程设计都是错误的

从列名单开始，就要思考如何为成交服务。

很多人说销售难做，那是因为从列名单开始他们就错了。

例如，我早期做保险的时候，不懂得这个原理，见谁都讲保险。

有一次，我跟小区门口的一个保安讲保险，我吃完晚饭就跟他聊，从7点半聊到凌晨1点，还给他买了一瓶水。聊着

聊着，保安说了一句话："杨哥你的保险聊得真好，我都想在你这儿买了。"

我想，终于有效果了，我说："你一年能交多少钱？"他说："我没有钱。"

然后，我就问他："一个月200块钱行不行？"

"200块钱也没有，我一个月才挣1 000多块钱。家里还有老婆和小孩。"

后来，我给他推荐了一个意外险，每月保费高于200元，但在当时是一个最低的配置。他说，他们单位买了社保之后，还买了一个团意险。

最后，我讲了5个半小时，也没有成交。

还好，我有一个这样的习惯：如果我没有成交，我就会去总结经验。失败并不可怕，可怕的是重复低级的失败。

我早期经常在路边跟那些货车司机聊。那时候没有"货拉拉"之类的平台，每当货车司机把车停在路边的时候，我都会跟他聊保险、聊人生。我也会跟摆地摊的人聊，因为这些人都没事干，跟他们聊，他们也很开心，但最后都没有成交。

这就表明，我在成交的第一个环节——名单来源上就出错了，如果成交不了，聊得再多也没有意义。大家一定要记住：成交是王道，成交是销售最核心的事情。所有流程都应该为成交服务，所有偏离成交的流程设计都是错误的。

前面我也讲过，销售就像谈恋爱，成交就像结婚。不以成交为目的的销售，何止是走了弯路，简直是走了一条不归路。最后，你在销售行业收获的是伤痕累累，你再也不想做销售了。在碰到这样的问题时，你一定要反思。

销售是改变普通人命运的最佳途径。普通人去创业，没有本钱，没有特别好的资源，也没有很好的背景，怎么获得成功呢？我的建议是：做销售。销售是一个没有天花板的行业，是一个跟人打交道的行业。通过销售，我们可以接触各行各业形形色色的人，接触各种信息。读万卷书不如行万里路，行万里路不如阅人无数。

有人说，80%以上的老板都是做销售出身的，15%是做财务和做技术出身的，5%来自其他人群。做销售出身的企业家太多了，比如王石（最早是做玉米买卖的）、任正非、李嘉诚等都是做销售出身的，平安集团董事长马明哲也是做销售出身的。做财务出身的也有很多，比如阿里巴巴的张勇。做技术出身的有马化腾、"好省"公司的老板等。

面对面销售流程设计

线下的销售流程就是针对面对面的销售而设计的。因为我们现在很多销售是在线下完成的，但也有一部分销售活动是在线上就可以完成的。有些是线上获客线下成交的，这就是我们线下和线上要融合的部分。

销售活动实际上不能单纯地分为线上和线下，因为不管是线上还是线下，销售的本质都没有变，就是要遵循逻辑和人性。

销售工作直接面向的对象，是活生生的人，在这个过程中，需要不断地和各种各样的人打交道，需要不断地去处理由"人"衍生出来的问题。所以，销售工作，是一份不断参悟人性的工作。

传统的面对面销售流程，分成7个部分。我们以保险销售流程为例。

列名单（客户开拓）

列名单，就是要保证名单来源，对名单进行分类及整理。

名单是非常重要的，巧妇难为无米之炊。销售高手时时刻刻都在获取有效的客户或者大客户名单。我们一定要有源源不断的名单来源，但最好的名单来源是转介绍。

美国寿险销售大师约翰·沙维祺的著作《最高行销机密》就是讲转介绍的。这本书对我的影响非常大，我曾经通过转介绍创下了销售的最高纪录。

不管你是在淘宝、天猫上开店，还是在唯品会上开店，最核心的都是要让老客户给你介绍新客户，重点是客户满意度。如果没有客户的满意和忠诚，转介绍就是无源之水。

根据名单来源的不同，名单主要分为陌生名单、普通人介绍的名单、客户介绍的名单，还有影响力中心给你介绍的名单。

名单要进行分类整理，要做客户的资料库。

世界第一人际关系大师、《纽约时报》畅销书作者哈维·麦凯，创造了"麦凯66"问题清单。"跟别人相处得不好的人绝不属于这个行业，因为相处是我们谋生的唯一技能。""麦凯66"问题清单就是教你怎样跟客户成为朋友、帮你达成销售目的的指南。这是一个表格，有了客户，特别是重要客户之后，一定要做这种表格。

首先是客户的基本信息，然后是他的兴趣，比如他是否抽烟、喝酒？他抽什么牌子的烟，喝什么酒？他有什么爱好？他有什么信仰？他最尊敬的人是谁，最在乎的人是谁，最关心的人是谁？哪些话题可以聊，哪些话题不能聊？他是哪个大学毕业的？在学校里拿过什么奖？过去谈过几次恋爱？等等。填好这个表格，你就会比客户的配偶甚至客户本人更了解客户。这就叫经营客户名单。

你要不断进行名单的分类和整理，列出分类的标准。比如：

A 类客户是既容易接触，又有购买的兴趣和意愿、可以成交的客户；

B 类客户的意愿就稍微弱一些。

根据行业的不同，可以做一些区分。例如人寿保险主要是面对 C 类客户的。

我们在做名单整理的时候，可以参考以下指标：年龄；是否结婚，是否有小孩；年收入水平；是否健康；是否容易接触；是否有保险意识。同时，我们要为这些指标确定评分标准。比如，年龄为 25~45 岁的客户得 10 分。根据得分为客户分类。

我们按规律整理名单，有些 B 类客户可能过一段时间就变成 A 类客户了，所以你的名单里面始终要保持 100 个以上 A 类客户和 B 类客户。

销售人员每天要做的一件事情，就是列名单和名单整理。有了客户名单，你会发现签单其实很简单。

电话约访

电话约访的主要目的，是约到计划中的拜访对象和安排一次初步的面谈，约访的手法一定要够专业、有水平。第一印象是历久弥新的，因此，当你与一位准客户首次通过约访接触时，你一定要给他塑造一个良好的第一印象。

电话约访，可以结合短信、微信和电话，这是对客户的一种尊重，不属于骚扰行为。任何骚扰行为，都不会有人喜欢，不论是保险销售还是其他销售。我电话约访的过程分三步：短信（或微信）预约+电话约访+短信（或微信）感谢。

第一步：短信（或微信）预约，核心是说明事由，体现对客户的尊重；

第二步：电话约访，核心是脚本演练，目标明确；

第三步：短信（或微信）感谢，核心是体现个人素养。

和以前相比，现在的约访渠道更多，比如微信约访。针对大客户，我一般很少直接打电话，都会先发微信预约，等客户有时间再打电话。可以这样发微信："×总，现在方便接电话吗？""您什么时候有空？今天有个很重要的信息要向您汇报。您现在方便接电话吗？"

这个时候，如果客户没看到，我就会发个短信给客户，以确保客户及时看到我的约访信息。

打完电话以后，要再发一个短信或者微信表示感谢，可以这样说："感谢×总接听了我的电话，今天跟您的沟通非常愉快，谢谢您！希望有机会向您进一步学习！"

这里再讲一个故事给大家做示范。

我的第一本书叫《保险销售就这么简单》。当时，出版社的编辑建议我去找行业内有名望的人推荐，但是我当时是一个小小的销售人员，知名度不高，刚刚晋升总监没多久。我想，找谁好呢？要是能请到中国保险学会的会长罗忠敏先生给我作序就好了，但我不认识他。

我拿到了罗会长的电话，怎么约访他？当时我的编辑给我透露了一个消息：罗会长本周末会来深圳麒麟山庄开会。我想，这个机会我一定要把握，所以我就在罗会长来开会的那一天下午，给他发了一条短信。我是这样写的：

尊敬的罗会长：

您好！

知道您是一位德高望重、特别愿意提携年轻人、令人尊重的领导。

我是您的老乡杨响华，中国平安深圳分公司一名业务总监，也是目前平安保险在全国范围内晋升最快的业务总监。来平安之前我做过保安，摆过地摊，小生意破产后，来到平安做代理人，目前取得了一些小小的成绩，而我发现大多数保险同人依然比较迷茫，于是我把我的想法和做法写成了一本书，希望为中国保险业的进步贡献自己的力量。

听说您近期在深圳开会，恳请跟您见个面，特别渴望得到您的指导，您看您今天什么时候通电话方便？我向您具体汇报。多谢！

结果罗会长很快回了信息，半个小时之后我打电话给他，并约好了见面的时间，电话结束后我又立刻发了一条感谢的短信。

当天晚上，我就去麒麟山庄跟罗会长见面。罗会长非常亲切，也非常愿意帮助我们年轻人，当天晚上就给我写了6 000字的推荐序，让我非常感动。

后来，我用同样的电话约访的方式找陈玉婷老师、庄秀凤老师给我写推荐序，这些业内名人之前我都是不认识的，都是通过朋友的关系找到的。后来，她们因为给我写序而与我结识，和我成了特别好的朋友。

所以我觉得，所有销售行为一定是尊重对方、双赢的行为。在接触客户、接触朋友时，我始终在想"我能为你做什么"。这是我一贯的逻辑。我的第一本书之所以能成为保险行业的一本畅销书，是与各位大咖的推荐有很大关系的。

后来，我还找过著名品牌顾问李光斗老师、著名财经作家吴晓波老师，还有腾讯公司刘军育等为我的其他新书写序。用我发自内心的尊重请求别人的帮助，一个人越成功，就越愿意帮助别人。

当然，你的东西一定要好。产品是"1"，营销是"0"，如果"1"是有问题的，那么再多的"0"也没有意义。产品品质就像我们的人品，只有真诚务实才是正道。得道多助，失道寡助。随着互联网的发展，诚信会成为未来社会的主色调。如果你不讲信用，互联网就会让你在市场上无所遁形，违规的成本太大了。市场经济发展的最高境界，一定是以诚为本的诚信经济、诚信机制。

所以，只要以爱心为起点、以欢心为目的地、用真心付诸行动地做销售，不管成交还是不成交，最后都是开心的。买卖不成情谊在。不要说"今天我没成交，这辈子都和这个客户不做朋友不见面"这样的话，这是没有意义的。

成交是一个结果，只要每一个过程都做到位，结果就会自然而然地产生。

销售面谈

销售面谈，是以客户需求为导向，唤醒需求和做客户需求分析的过程。主要有三个步骤。

寒暄破冰

有经验的销售人员，每次在和顾客交谈前，都会花心思考虑如何跟顾客说第一句话。因为第一印象非常关键。精彩的开场白，可以拉近与客户的距离，只有创造谈话的空间，才能让客户充分地提出需求，达到销售的真正目的。

销售人员不能开门见山地直接要求客户购买自己的产品，与客户见面一定要有破冰的动作。这个动作就是寒暄。寒暄就是嘘寒问暖，与客户拉家常，说一些轻松的、赞美的话，问一些关心的话题。当你轻松自如地寒暄时，你就可以让对方紧张的心情放松下来，消除客户的戒备心理，赢得信赖，为下一步切入正题做好铺垫。

寒暄破冰的核心是把客户的频道调到与我们相同的频道，例如，我们现在在看湖南卫视，但客户看的是浙江卫视，怎么办？所以，我们首先要通过赞美、关心、找到三个共同点等方式快速给客户调频，调到同一频道后，沟通才能走心，才能快速破冰。

破冰有三种方法：赞美破冰、同理心破冰、共同点破冰。

赞美破冰："杨总，我很多朋友都是湖南人，感觉你们湖南人都很热情，而且很真诚，在你们身上能学到很多东西。"

同理心破冰："这次疫情对您的影响大不大？对您最大的启发是什么？"

共同点破冰："杨总，我们身上有三个共同点。第一，我们都是湖南人；第二，太太都是湖北人；第三，都有两个孩子。以后我要多多向您学习。"

销售流程每完成一个环节都向成交推进了一步，每一个环节结束，成交都会更近，而不是更远。我们的每一个环节都一定要朝着成交的方向前进。要知道，你的目的是销售面谈，也就是找到客户的需求，给客户提供满足需求的方案，然后得到客户的认可。

唤醒需求

早期以产品为导向的生产和销售，使得各行业产品同质化非常严重。当前是市场营销时代，以客户需求为导向，销售代表要想把产品卖出去，就需要学会用专业销售技巧唤醒客户的需求，帮助客户了解现在和未来哪些事情会是他需要担心的、需要去面对的。通过传达相关概念，使客户认同产品计划是解决客户问题的最佳方案，将客户的需要化为客户的渴求，最终成交。

我们可以用问题或者图片帮客户分析，用事实、故事唤醒客户的需求。

（1）用图片唤醒需求

现在很多电商都会搞促销，你经常会买很多不需要的东西，可能是因为它的图片和价格吸引了你。这就是用图片唤醒当下的需求。

（2）以问题为导向唤醒需求

保险产品难卖在哪里呢？难就难在人们在需要它的时候买不到它。其他的商品都是在需要的时候买，而保险产品要在不需要的时候买。怎样才能让人们去买未来才可能需要的东西？

我们可以给客户讲一个"人生三阶段"：

"×先生您好！向您请教一个问题。"我可以用问题来引发客户的兴趣。

在销售的过程中，问比说要重要得多，会说的业务员比不上会问的业务员。

"请问×先生！假设现在有100个人，都是30岁，约好到60岁的时候一起聚会，只要活着的人都一定要来，你觉得会有多少人参加？"

有些人比较悲观，说七八十个；有些人就很乐观，说应该还有90多个。

我就跟客户讲:"根据保险公司的统计数据,这个数字是84,这就意味着有16个人在30年间离开人世了。"

再给客户讲一下数据分布。

"这16个人是怎么分布的呢?30~40岁会走两个人,40~50岁会走4个人,50~60岁会走10个人。

"我今年45岁。2019年,我们同学20周年聚会,因为我的经历比较复杂,是在社会上待了几年以后再回去读书的,24岁大专毕业。我们班有50位同学,聚会的时候我才知道有一位同学已经去世了,他原来是一名乡镇干部,在下乡工作回来的路上,他的摩托车撞上货车,意外身亡。去年年底,有一位同学因为肺癌去世了。我们这50个人里面,30~40岁走了两个。

"现在我才45岁,同学一般在42岁左右,也就意味着在未来,有可能是他们,也有可能是我,在40~50岁的时候,有4个人会离开。

"到60岁的时候,这84个人又会分成两拨。一拨48个人,他们奋斗得比较辛苦,在60~70岁的时候会离开,意味着这84个人里面有48个人活不到70岁;还有36个人,可以活到80岁、90岁、100岁。

"现在有三个数字:16、48、36。请问,×先生,您愿意在哪个数字里面?"

我相信大家都想在36这个数字里,都想活到80岁、90岁、

100岁。早在秦朝，秦始皇就让徐福带着3 000名童男童女去找长寿药，不管是帝王还是老百姓都追求长寿。活得长，是每一个人的最高追求。事业再成功，只能活到38岁，也是一件令人遗憾的事。

"假设你有一个好朋友在16这个数字里面，60岁之前走了，他会面临怎样的问题？供房、供车、子女教育、父母赡养，这些问题他都会碰到。就算活到70岁，也要面临身体不好的情况，面临医疗费用和养老费用的压力。随着科技的进步、人们自我保健意识的增强，人的寿命会越来越长。我们这个年龄段的人以后有很大的概率能够活到90岁，而养老费用将随着年纪的增加而增加。因此，在36这个数字里的长寿的人，一方面会面临养老费用问题，另一方面肯定也会面临医疗费用的问题。"

我会继续问："假设你特别好的朋友处在16这个数字里面，他会面临生活开支、子女教育、赡养父母、供房、供车等费用，压力非常大，这个阶段正是我们戏称的'做牛做马'的时候。请问，作为他最好的朋友，你能支持他多少钱？"

我相信客户会陷入沉默，因为他明白了。我们这辈子其实就在这三个数字里面，不管是16、48，还是36，我们一定会在这三个数字里面，都会面临这些问题。

唤醒需求，就是我们帮助客户了解他自己，了解现在和未来当中哪些事情会是他担心的、可能要去面对的一些问题。如果客户自己没办法解决，那么，通过保险，他不用跟别人借钱，也不用去求别人，欠别人人情。通过保险，客户自己可以去做相应的准备，从而解决这些问题。

需求分析

唤醒需求后就要做需求分析，我们要深度挖掘问题，要得到客户的高度认同。让我们列一列人生费用：生活费用、供房费用、供车费用、子女教育费用、赡养父母费用、医疗费用、其他费用（比如朋友宴请、送礼、人情往来）以及最后一笔费用——人最后一定会离开人世间，一定要花一笔钱。需求分析就是根据客户的情况把这些费用算出来，其总和就是他要买的保险的保额。万一客户不在了，有一个保险公司会站出来替客户付这 8 笔费用，客户的家人依然可以得到最好的照顾。

要想得到客户的高度认同，需要给接下来的成交面谈做一个很好的铺垫。

有一个案例让我感触特别深。2019 年年底，我的同学患肺癌去世，好在有保险，整个两年的治疗期间，医疗费用赔付 97 万元，重大疾病赔付 51 万元，最后死亡赔付 15 万元。

癌症有一定的遗传性，也会受生活习惯的影响。因此，是否患癌症，人们并不能完全控制。

我有一个好朋友是业界很出名的医学博士。他说："人为什么会得重大疾病？有时候，得病这个事情不是我们能够控制的。"

成交面谈

做好需求分析以后，接下来就是成交面谈。在整个销售过程中，成交面谈就等于画龙点睛，胜负的关键就在此一举。

兵贵神速。只要你的需求分析做得到位，而且得到了客户的高度认同，销售面谈和成交面谈也可以并作一步，面谈后就可以现场给他设计方案，现场直接签单。当然，一些大单例外。我们夫妻之所以平均每个月可以做成 20 张保单，是因为我们会见机行事，我们 80% 以上的单都是在第一次见面时就完成的（因为 90% 的准客户都是客户或朋友介绍的，有一定的信任基础）。

我们要时刻保持成交状态！

成交面谈的核心，是以需求为基础，找到核心痛点，敢于开口成交。开口成交的最差结果是零，而不开口的最好结果是零，所以开口成交的销售人员没有任何损失，即使失败也能在销售过程中获得宝贵的经验。

接下来我以保险为例，谈谈成交面谈的三大步骤，其他面对面交谈都可以参考这三个步骤。

方案呈现：解决问题

如果我们提供的解决方案就是客户需要的东西，成交就变得很简单。

成交是一个结果，前面的每个环节，你都必须做到 100 分，这样，最后成交的结果才是 100 分。如果你前面的过程做得有瑕疵，那么最后的结果也好不到哪里去，你使用再多的成交技巧也没有用。比如，如果没有和客户确立投入的保费，那么最后成交是非常难的。

异议处理：协助客户处理盲点象限

销售的所有环节都会碰到一个问题：异议处理。这是面对面销售流程非常关键的环节。在成交面谈里面肯定也会有很多异议处理。

首先讲一下沟通的四个象限。

第一个是公开象限，就是你知道，我知道，别人也知道。

第二个是隐私象限，就是我知道，你不知道。比如，我之前做过保安，摆过地摊，这个你知道我也知道，因为我的网络资料里面有。但是我谈过几次恋爱，我没和你讲过，网络上也搜不到，这个只有我知道，你不知道。

第三个是潜力象限，就是你知道，但是我不知道。

第四个是盲点象限，就是我不知道，你也不知道。

每一个人的认知都是有盲点的。比如销售，为什么不能成交？就是因为客户的认知有盲点。比如，关于生老病死这个永恒话题，我们很多人没想到里面有一个真理：生是偶然，而死是必然。每个人都会死，要么因为意外，要么因为疾病，正常老死的概率是非常低的。但是很多人没想过这个问题，这就是一个认知上的盲点。

我们在做异议处理的时候，有一个万能公式。首先是整体指导原则，就是不管客户说什么，都先处理心情，再处理事情。不管客户说什么，都说"你说得很好，你说得非常有道理。没有关系，很多优秀的人的想法跟你也是一样的"。不管客户说什么，我们首先都要认同、赞美，这是对人的尊重。

然后，销售人员要主导整个销售过程，不要被客户牵着鼻子走。

例如，很多客户都会说："这件事我要跟我太太商量一下。"

我们可以这样回答："很好，这说明你们夫妻感情非常好，而且看得出来你是一个非常尊重太太的人，难怪你的家庭那么和谐。"

接下来我们要把客户的真正异议找出来，所以有一句话很重要："除了要跟你太太商量，还有没有其他的原因使你暂时不购买这份计划？"客户回答后，再问："还有其他原因吗？"

如果他说他还有一个同学在某家保险公司工作，或者他有一个同学就在我们公司工作，要听听同学的意见，那么，这个时候不要着急处理，因为接下来还有一个问题很重要："除了要跟太太商量、听听同学的意见，还有没有其他的原因？"可能他会说还有另外一个亲戚在其他地方做保险，要问问亲戚的建议。同样，还是不要着急处理，接着问一句："还有吗？"如果对方回答"没有了"，我们接下来就集中处理这三个问题。把这三个问题处理好了，我们这个单就成交了。

作为一个销售高手、成交高手，我们应该引导整个销售过程，这是非常关键的。一定要一次性把问题全部找出来，然后集中处理。否则，就会被客户牵着鼻子走。

异议处理的万能公式，就是"认同"加上"赞美"，再加上"除了××还有吗"。最后我们再处理。如果掌握了这套公式，你就会发现，处理任何异议都没有问题。

促成措施：痛点成交和利益成交

痛点成交法：把痛点找出来，用事实和数据说明成交的好处以及不成交的后果。痛点可以有效地刺激客户，让客户跟随你的思维前进。

痛点成交法以需求为导向，以解决问题为目标，能更好地体现销售人员的专业性,这种沟通技巧能引发客户的不安,激发客户的购买意愿。

每个人都有自己的销售痛点,有人更在意价格,有人更在意产品的稳定性,有人更在意服务。在销售过程中,我们应该找准客户的痛点,针对不同的客户采用不同方式,客户自然会跟随你的思路,做出明智的选择,达成双赢。

利益成交法:每个客户虽然需求点不同,但都有一个共同的追求,这就是利益。利益成交,无非就是诱之以利。通过促销、限售、停售等手段促使客户马上或在一定期限内做出购买决定,因为任何销售,要想成交,都必须解决四大问题:

为什么要买?(主要是观念沟通)

为什么在你的公司买?(主要突出公司品牌优势及产品或服务优势)

为什么要在你这里买?(主要突出个人的专业性和服务优势,即个人品牌)

为什么要现在买?(主要是痛点成交和利益成交相结合)

现在是个人企业化的时代,不论是主播还是网红,或者普通个人都是一个IP,都等同于一家公司,现在我们必须比任何时候更在乎自己的信用和品牌,因为成交最核心的密码是人与人之间的信任关系。如果我们滥用这种关系，那么最后可能会导致个人或企业遭受灭顶之灾！

递送保单

递送保单不是我们想象的尽快把保单送给客户、客户确认以后立即离开那么简单。递送保单的重要意义在于：一是获得客户帮忙转介绍的机会；二是给客户埋下伏笔，创造一个再次找他的机会。

递送保单前的准备

递送保单前要准备什么呢？

一是要审核保单印出来的时候有没有错误。

二是在给客户递送保单的时候，要附上一些跟保单内容有关系的信息。如果是一个出国留学计划，那么我们要把出国留学的一些资讯、材料收集起来，找出重点，剪贴以后和保单放到一起，然后告诉客户，这份保单就是为这份计划做的。如果是一份储蓄计划，就找一些带有储蓄性质的材料，放到保单里面，告诉客户，这是你在未来的储蓄计划。所以递送保单不只是送保单，而是在递送当中，怎么把保单内容跟你要传达的其他信息放在一起。

三是要跟客户约好时间，争取在那个时间点有多谈一些话题的机会，如果没有，你就要预先估计下一次拜访的时间。

四是去跟客户交谈之前的准备，包括要说些什么、做些什么。

递送保单的步骤

第一，业务人员一定要亲自递送保单，并且表达祝贺之意。即使客户离你的公司或家里的距离很远，也不能把保单寄给客户。保单一定要亲自递送。

第二，要给客户讲解保单上应该注意到的一些事情，告诉客户，这些内容有哪些对他来讲是很重要的。我们要对客户保单做一些标记，比如画一个星星，或者用荧光笔标示出来，这些都是很必要的。

第三，向客户说明其未来需要做的一些事情，比如契约内容的变更、理赔应该注意的事情。我通常会告诉客户："客户先生，我先提醒您一下，将来若出现任何你需要变更或者办理理赔的情况，请事先打个电话给我，约一个可以见面的时间，我来给您讲解。"事先告诉客户将来会怎么做，就表示我们对未来的服务有一个承诺，我们会用这样的方式跟客户沟通。不要等到签完约后，客户要办理变更等服务的时候，再让客户把文件寄给我们，或者我们再用什么方式来跟客户联络，既不及时又不妥当。要看重这件事情，跟客户说清楚。当然，我们要强调我们跟别人有什么不一样，我们怎样做好服务。

第四，请求客户转介绍推荐，介绍其他潜在的客户。这是递交保单时最重要的一件事情。在促成、递送保单、售后服务这些步骤上面，不要忘了向客户要名单，要告诉客户："您现在有没有需要我再做一些解释跟说明的？"如果客户说没有，那么我可以继续问："请问，在您的生活中，您最常联络的朋友、亲戚、同学、邻居，有没有一些像您这么好、对家人责任感这么重的人？能够介绍给我认识吗？"客户可能会回答："那当然。"我们可以这样说："如果我直接跟他联络，那么我觉得有点儿唐突，您可以帮我跟他联系一下吗？我们约个时间，大家一起吃个饭，这样您也可以把您的想法分享给您的朋友，我也可以把帮您规划的这个过程再提供给您最要好的朋友或者同事、同学、邻居。您觉得这样的方法好不好？"这就是一个所谓要名单的沟通技巧，我们在每个阶段都可以运用。

转介绍

转介绍，也就是向客户要名单，是一种省力、有效、快速建立客户信任的好方法，是"一生二，二生四"连锁开发、快速拓展客户资源的方法之一。客户转介绍的优势：开发成本较低、沟通成本低、效率高、客户资质普遍较好、建立信任关系快。客户转介绍，可以使你在行业中取得非常好的成绩。

客户的信任是获得转介绍的基础。你要让你的推荐人介绍客户，因为他是你生命当中的贵人，你希望他能够帮助你在这个行业、事业上取得成功，所以必须要跟客户要求转介绍。

什么样的客户才是转介绍的最佳人选？

转介绍的浅层次，就是客户告诉你：我给你名单，给你电话，但是你不要提我的名字。这样的名单跟路边捡到的名片无异。或者，如果客户告诉你：我可以给你名单，你也可以提我的名字，不过你不要讲太多，只提我名字就好。这种情况下，你对被推荐的客户的背景不是很了解。

较理想的层次，是客户告诉你名单，给你电话，再跟你讲这个人的个性是什么，你要跟他谈的东西是什么，他不喜欢什么，你要特别注意什么。

最好的层次是客户直接帮你约他的那些朋友。

什么样的客户才是转介绍的最佳人选？

条件一：乐于分享我们的成功。首先，这样的客户对我们的态度必须是欣赏的，至少他们对我们的专业度是认可的，乐于向朋友分享我们的成功，见证我们的成长。当客户身上具备这样的特质时，我们要抓紧时间让他帮忙进行转介绍。

条件二：人脉足够广。优质的转介绍人选未必身兼要职，但一定拥有好的人缘，人脉广是转介绍的基础。有的客户可能只是一个办公室的小职员，但因为人缘好，周围有很多人都喜欢他，也愿意听他的话。这样的人位置虽然不高，但影响力是非常大的，通过他的转介绍，我们甚至可以让整个办公室的人都成为我们的客户。所以，当要求总监类的客户帮忙转介绍无效的时候，我们不妨换个方向，寻找职位不高但人脉甚广的小职员。

条件三：愿意提供周到的帮助。就是扶上马还要再送一程，愿意为我们牵线搭桥。

条件四：必须认同保险观念。转介绍的客户必须认同保险观念，并且相信购买保险是一件非常必要和美好的事情。客户的认同相当于一个免费广告，可以帮助我们将保险的好处与优势都散播出去。这样的客户帮忙进行转介绍，成效必然是加倍的。

条件五：必须信服你的专业能力。客户唯有相信我们，才会真心实意地帮忙转介绍。只有客户信服我们，转介绍才更有力度。

条件六：最好是一个活跃分子。相信不少人都有微信群或QQ群，在这些交流群中，成员大多分为三类：活跃分子、长期潜水以及偶尔冒泡。最有影响力的便是活跃分子，他们的性格将会给转介绍这项活动大大加分。

上述客户都可以被称为优质的转介绍人选。

索取转介绍的步骤

第一步：获得认同，请求帮助。什么时候开口让客户给你推荐名单呢？首先，在销售过程当中，要让客户觉得很满意。如果你今天拜访客户，先给他提供资料，那么你要去跟他确认："××先生，请问，我今天在跟您介绍的这个过程当中，您有没有不清楚的地方？我需不需要再补充？"或者说："在我今天介绍的过程当中，有哪个部分是您觉得比较满意而且您在听完之后觉得有道理的？"这样就能跟客户产生一些互动，建立一些关系。

客户希望你提供一些价值、帮他解决困难，这样，你才能解除客户的疑虑。

第二步：敲定名单，获取资讯。帮助客户回忆身边有保险需求的人。

"××先生，跟您最要好的朋友是哪位呢？您跟他联络方便吗？你们最近碰面了吗？他家里的状况怎么样？有几个小孩呢？他在哪儿工作？"

"××先生，请问您的朋友中有谁近期刚生了孩子，想要购买保险的呢？"

当客户随口说出一些名单以后，我们可以向客户询问名单的具体信息："谢谢您让我能有机会为他们提供服务！您能不能再透露一些简单的信息？例如这些人的年纪以及保单购买情况。"当客户提供这些信息的时候，我们要及时记录，让客户感受到我们的认真态度，还要在记录的过程中，尝试让客户提供更全面的信息。

第三步：确认接触的方式和方法。有一些客户很热心，这类客户甚至会亲自帮我们打电话邀约或者代为推荐，我们要努力促成这种理想状态，让客户回想他要介绍的人是哪一位，怎么介绍给我们，进一步要求客户提供合适的接触方式和方法，希望他能够帮忙联络，甚至和我们一同拜访。我们要告诉客户："我跟您的朋友直接联络会非常唐突，您的朋友可能不明白我的意思，甚至反感您把他的情况泄露给我。最好由您来帮我联络。"如果客户拖延，说"我回去再想想看有哪些人可以推荐给你"，我们可以说："如果可以，那您用我的电话联络他吧。"如果客户感受到了压力，他也许就会说："那我来拨好了。"

为了避免唐突，我们可以这样跟客户说："××先生，谢谢您给我×××的名字！这几天我就会打电话给他。我想，也许在他接到我的电话之前，应该先让他知道是您让我跟他认识的，这样对您这位朋友而言，我就不是陌生人，您觉得这样做会不会好一点儿？"

或者这样说："××先生，谢谢您帮助我认识×××先生。或许您的朋友会期待您先给他打一次电话，让他知道您不会随便把他的名字给一个陌生的业务员，您觉得这样做会不会好一点儿？"

客户也许会产生疑问："我怎样才能让我这个朋友愿意跟你碰面呢？"这时我们可以告诉客户："您可以像我们今天这样，给您的朋友一些信息、材料，告诉您的朋友可以得到什么样的帮助。您只要像这样帮我约这个客户，大家认识一下就好。"

销售流程各节点索取转介绍的沟通技巧

拜访结束是客户转介绍的一个非常重要的节点。

比如，"××先生，您觉得这些想法对您有没有帮助？如果您同意这样的想法，那么接下来您会跟谁分享和讨论呢？您为什么会推荐他？"

"××先生，如果您认同我的说法和观念，那么，用这些想法来跟您的亲戚、朋友、同学、同事聊聊，您觉得他们会不会接受？在您周遭的亲戚、朋友、同事、同学中，您觉得哪一位是可以接受新观念，而且很好相处的人呢？"

接下来，让客户去搜寻脑袋里面有哪些名单。然后，你可以问："那他结婚了吗？有小孩了吗？他目前的工作是什么呢？会不会很难约到呢？"一项一项地问你的客户，客户心中就可能形成一个名单了。

你可以接着告诉客户："××先生，我星期×和星期×有空，您能帮我约这个时间碰面吗？如果您觉得这个时间有困难，我会配合您约到的时间。"

在新单达成的时候，我们当然都希望客户能够再介绍一个名单。我们可以这样说：

"××先生，恭喜您，您做了一个很明智的决定，这个保险计划对您和您的家人有很多好处，相信我的服务一定会对您有价值。我希望您介绍您的几个好朋友，让他们也有机会通过我的服务得到一些好处。"这样，我们把恭维和赞美也放进去了。

递送保单的时候，要怎么索取转介绍？我们可以这样说：

"××先生，这是您的保单，首先恭喜您为您的家人做了一个明智的决定，给了他们一个幸福的承诺。我也非常感谢您对我的支持，对于您照顾家人的承诺，也是我的责任的开始。我希望能够跟您要到几个名单，希望在我的服务下，能够让他们获得相同的结果。"

在售后服务中，我们也可以这样索取转介绍：

"××先生，我一直想请教您，在认识您的这段时间，您对我的服务还满意吗？"等到客户的回答以后，接下来再说："有一件事情我需要您的帮忙。在您认识的人当中有没有像您一样有责任感、很好相处、我可以去拜访的人呢？在您的亲戚、朋友、同学当中，您觉得哪位可以推荐给我认识？他结婚了吗？有小孩了吗？他的工作是什么？你们最近有没有联络呢？"

在销售流程的不同阶段，我们都能要到一个或两个名单。名单源源不断地拓展，可以谈的客户就越来越多。

售后服务

售后服务是下一次销售真正的开始，同时也是获得转介绍的重要契机。要把售后服务跟再销售、转介绍连在一起。

开发一个新客户的成本是老客户的五倍，所以，维持一个老客户，让老客户来帮你介绍新客户，客户流失率会比较低，大约只有5%，可是你获得的利益会增加60%。

做好售后服务的几个方法

第一，节日问候。发微信、打电话，都不是最好的方式。

我们要使用一些有温度的联络方式，这样客户的感受会比较强烈。

第二，定期拜访。通过拜访，增进对客户的认识和了解，并在增进了解的机会中，在聊天中寻求客户的转介绍，或者客户再购买的机会。

第三，送客户礼物。送礼物是你的心意表达，但客户可能会认为是一种交换。所以，在表达心意的过程中，要拿捏好分寸。不要认为客户在我们这里买了一个保费很高的保险，就一定要送给他很好的东西表示感谢。与其送客户礼物，不如做一些比较特别的东西。比如制作一个专属于客户的东西，告诉客户："因为我觉得您是我生命中的贵人，所以很感谢您，也希望您能够永远注意到我或想到我，所以我送您一个礼物。"

在送礼物上，我们一定要花点儿心思去思考，送什么礼物会让客户比较开心甚至感动。你也可以办一些联谊活动，比如，邀请客户去参加一些感恩会等。不定期的信息传达，可以让客户知道你在关心他。

售后服务的好坏，不能用钱来衡量，要用心意来衡量

帮客户去做保单的检视、申请理赔、协助办理保单变更等，是你的分内工作。因为客户根据你的建议购买了这份保险，他已经付了钱，所有跟保单有关系的变更、理赔都是你应该做的。

对于售后服务，你一定要分清楚，你对客户的关心，跟你要帮客户办理的一些事情，是两回事。

做好售后服务，千万要记住，要去了解客户更多的背景资料，为运作下一次的销售做准备，而且不要随意承诺将来你会怎么做，如果你承诺了，就要做到。你可以告诉客户，你会不定期做哪些事。

怎样去区分好客户和一般客户，这也是你在做售后服务时应该拿捏的。

最后，你在收到保费、领到佣金后，如果对你的收入没有成本概念，就会发现很多费用在不经意间已经流失。所以必须要有一个成本概念，并把这个成本化作另外一个保单的需求。举个例子，如果每成交一次，你就把其中一部分（比如10%）放在另外一个账户里面，那么，一年下来，你在这个账户中存了多少钱？这些钱就是要用在你的客户身上的。所以，你的收入当中永远有10%或者20%会成为经营客户的成本。也许别人会认为光鲜亮丽的你赚了很多钱，但是很多成本其实是别人不知道的。所以，在这个过程中，你一定要有一个成本的概念。在这样的情况下，你应该怎样帮助你的客户，以及你自己能够得到什么样的好处呢？客户希望你定期去拜访他，给他一些新的信息，还希望你告诉他保单的权益是什么。

你去做售后服务是因为你可以再去拜访客户，看看有没有其他的机会,可不可以让客户帮你介绍。当然,你们的友谊加深了,你跟客户之间交换的就不是利益,而是情感。千万要记住一件事:做好售后服务,是因为要创造下一次销售机会。

线上专业化销售流程

私域流量和公域流量

私域流量，是一个基于信任关系的封闭性平台的流量池。微信、QQ、陌陌都是私域流量池。比如，微信是一种基于信任而产生的交集，微信好友基本上都是家人、亲戚、朋友、同学、同事等，这也是微商可以在微信中快速出单的原因，有信任的关系做背书，可以大大提高转化率。

真正的私域流量，主要存在于微信。基于微信的即时通信属性，一对一的信息推送、一对多的社群运营，都是私域流量运营的天然手段。

私域流量，是自己可以掌控、反复使用不增加成本的流量；公域流量，可以花钱从其他平台买来，大部分是一次性流量。现在在社交电商领域，大到电商平台，小到个体，都很重视将公域流量转化成私域流量，原因是私域流量比公域流量的转化率高得多，同时黏性也要强很多。

刚开始起步的时候，每个人的私域流量都是非常有限的，所以，用好公域流量是成功的核心。因为引流量和养流量都是非常不容易的。

"樊登读书"是基于互联网的学习机构，是倡导"全民阅读"的先行者，2019年的销售额突破70亿元，在抖音上有40多个账号，在快手、喜马拉雅上也有他们的产品，四年吸引600万名会员。其实，这就是在产品上引流量，推出"樊登读书"的品牌，同时做销售。

流量有很多关键点，比如线索流量，每一个看似微小的发现，都会创造不可限量的价值。你要去了解哪个流量对你的发展是有帮助的，你要找到这样的线索，要用直播小视频、公众号、音频等自媒体去促销，这些都是经营流量的手段。

线上产品的经营，也是公域流量的经营。怎么去经营它的成交呢？针对比较复杂的产品的线上经营，有七步成交法，每一步都包括步骤和动作。

线上经营七步成交法（较复杂产品）

用户（步骤，下同）：触达（动作，下同）。全网引流触达所有用户。很多人在做直播的时候，都可能同时在抖音、快手、火山小视频等平台尽可能多地触达用户。比如，有些网红在直播的时候，可能同时用5部手机在5个不同的平台直播，这就是多平台触达用户。

潜客：推销。你要去找到潜在客户，通过免费产品引流，看看有没有潜在客户过来，这是一个"钓鱼"的行销策略，就是用"带钩的鱼饵"，看看有没有"鱼"上钩。这是一个"抓潜"的过程，通过免费产品的推销来"抓"潜在客户。

了解：推送。潜在的客户来了以后，我们就要推送一些相关的产品信息、品牌信息，让客户去了解。

兴趣：推送。客户了解之后，就可能产生兴趣，就可能点开看。我们通过对大数据的分析，可以知道这个产品被谁看过、被看了多久。如果客户看的时间长，反复地看，就说明他有兴趣；如果你推送的内容他连看都没看，始终没打开，就说明他兴趣不大。

意愿：推送。收到兴趣推送以后，有些客户就可能会填一些相关资料，会留下一些个人信息，这说明他已经有意愿了。这个时候，客户收到的还只是推送的内容。例如保险。但是，只要他点开了，并填了资料，就说明他可能有意愿。

线索：拜访。收集潜在客户的姓名、地区和联系信息，整理成相应的销售线索。这个时候，我们就要抓住这些线索，通过线下的方式拜访客户。

促成：促销。然后，我们再去做促销，促成交易。比如，把我们公司最近的一些促销方案介绍给客户，告诉他公司有活动，可以省一些保费，等等。

从用户到潜客、了解、兴趣、意愿、线索再到最后的促成，这个过程一定是一个漏斗状的模型。比如我有100个用户，最后成交的可能有3个，因为层层都会减少。这3个就是成交真正开始的种子，可能会演变出30个、300个客户。

线上简单产品三步成交法

销售一些简单的产品，比如鸡、鸭、海鲜、小龙虾、嫩肤仪等，就要结合内容营销引流，利用爆品去成交，成交之后再把这些客户引到社区，来进行社群的服务。

线上产品的人心经营是非常重要的，关系到能否把客户深度经营起来。只有通过全网引流、爆品成交、社群经营，我们才能把客户固定在这里，然后把他们锁住，让他们成为我们的会员，最后，我们促销的时候才会有效果。

第一，全网引流。包括公域流量和私域流量的引流。

第二，爆品成交。无爆品不营销，所以一定要打造极致的性价比。

我经常与《爆品营销》的作者李桥林老师交流学习，我觉得现在每一款产品都应该是爆品，因为在互联网时代，人们的注意力是有限的，时间是碎片化的。如果你的产品本身没有吸引力，客户很快就略过不看了。所以你的产品一定要拥有极致的性价比。除非你的产品已经是大品牌，比如奢侈品路易威登、爱马仕等，有品牌溢价了，但是现在这些奢侈品牌遭受的攻击也是很严重的，新一代客户的品牌意识没有那么浓厚，他们对这些品牌可能不会感兴趣，只想找到又好又便宜的东西。品牌意识在一些圈子里面本身就是一个小众市场。

怎么去打造一款爆品？爆品就是你的公司中占整个销售额的25%以上的某一个单品。比如，你的公司可能有30款产品，有没有一款产品，它的营业额占你整个公司销售额的25%？如果没有，就说明你的公司实际上是没有爆品的。每一个企业都要审视自己。

爆品策略，就是聚焦所有的资源，包括研发资源、营销资源、财务资源，把爆品打造出来，一切为爆品服务。一旦把爆品打造出来，公司就盘活了，所以，一定要有爆品思维。如果你公司的产品不好，业务员成交的难度就会很大。现在信息越来越透明，没有人愿意交"智商税"。为什么现在越来越多的社交电商做不下去了？产品不好，搞一个所谓的商业模式也没有意义。所以，产品一定要好，要让客户喜欢，能满足客户的需求，能解决客户的痛点。

当然，产品不是越便宜越好，客户买东西的核心不是价格的高低，而是值不值。我们必须把产品或服务的极致性价比打造出来。比如，很多人买苹果手机，并不是因为苹果手机价格便宜或者很贵,而是因为客户对苹果手机的体验感很好,任正非也说过他的家人都用苹果手机。他觉得华为在很多方面都要学习苹果。我是很多年的"果粉",因为特别崇拜任正非先生,最近开始用华为手机,确实有一些不太习惯,感觉华为手机还有追赶和提升的空间,但华为手机也有很多优势是苹果手机不具备的。

企业一定要集中所有的资源打造爆品,打造出极致的性价比,这样销售人员成交的难度就降下来了。所以,不仅销售人员要具备成交的思维,从产品的设计研发开始,就要考虑成交。

第三,社群经营。社群和微信群的重要区别,就是社群有明确的价值观输出。社群要有明确的定位。比如,我自己经营了一个"天天向善"社群,定位是保险从业人员学习销售专业知识,这个社群规定每人每星期读一本书,或者每星期请一个大咖来分享经验,另外,每天分享一些学习内容,平时分享的知识主要从我的个人公众号的文章输出,我的公众号叫"杨响华营销课堂"。

后来我们增加了一个礼品推荐服务环节,因为社群主要面向的是保险行业的从业人员。很多保险销售人员去见客户时都会带一些伴手礼,或者在成交时送一些赠品,而选礼品是一件很麻烦的事情:第一,找到应景的礼品不容易;第二,找到性价比高的商品更是难上加难;第三,客户的层面、区域和风俗习惯皆不同，使选礼品成为一件难度极高的事情。虽然我们很用心地选礼品，但社群的朋友很不习惯，有不少人向客服投诉，于是我们在一个月后又做了调整，重新回到学习的轨道上来。

所以，一个社群必须要有一个明确的定位，定位决定地位。

然而，经过一个月的礼品推荐服务，有不少朋友还是很期待我们能够继续推荐礼品，虽然众口难调，但客户是上帝，如何满足需求？我们就引荐"樊登读书"和"好省"App的销售人员来平台授课。这两个平台能解决保险销售人员90%以上的礼品需求，同时又不会对社群的定位造成冲击，两全其美。

为什么会选"樊登读书"做礼品呢？在送礼物方面，我个人一直比较喜欢送书，我会根据客户的情况送不同的书。如果客户是政府官员或企业老板，那么我会给他们送《资治通鉴》《史记》等，或者一些关于健康的书籍，而现在人越来越忙碌，时间越来越碎片化，人们很难静下心来读书，所以我觉得"樊登读书"的读书卡是很不错的礼物。比如，针对有孩子的客户，我会推送《你就是孩子最好的玩具》；针对特别累的、工作比较忙的客户，我会推送《和繁重的工作一起修行》；如果客户的孩子处在青春期，我就会推送《解码青春期》。

为什么会推荐"好省"App呢？因为这是我体验过的最棒的综合性电商导购App，正如它的定位——"让客户买好货更省钱"那样，用"好省"，可以把优惠券一网打尽。

经过调整，现在社群人员的满意度越来越高，我们的社群也迎来了更好、更快的发展。

所以，对于社群经营，第一要有明确定位，第二要用心经营，第三要与时俱进。

社群经营的核心是经营人心

流量时代终将结束，人心时代已经开始。我们如何经营人心呢？

人，首先是一个社会人，同时又是一个经济人。

经营人心，就是经营人的身、心、灵三个方面，以及安全感、关心感、尊重感、支持感、贡献感、趣味感6个维度。

第一，**安全感**。安全感是人与人之间交往的基石，特别是销售人员，留给客户的印象是否安全、专业是很重要的。我们的穿着打扮、谈吐都时刻在给客户传递信息：你是否靠谱？你是否专业？经营客户就是经营客户对你的印象，而第一印象又是最重要的。

销售人员一定要为成功而穿着，为胜利而打扮。特别是在做线下面对面销售的时候，你的穿着打扮非常重要，得体的着装会赢得客户的尊重。如果你穿得很随意，甚至很暴露，那么，请问一下自己：你是来卖东西的吗？特别是在保险销售行业，我们往往要去客户家里，如果一名女性销售代表穿得很随意或比较暴露，那么，客户的太太有安全感吗？

切记，你的形象价值百万，我们要根据自己的职业要求，穿相关的职业装，或者社会普遍认同和喜欢的服装。

当然，着装只是塑造安全感的一部分，你的谈吐、行为表现和口碑都非常重要。金奖银奖不如客户的夸奖，要赢得客户的夸奖，是要下功夫的。

我经常说，销售高手对谁都没有威胁，这是安全感打造的底层逻辑。

第二，关心感。这个也非常重要。我举一个成交的案例。

> 案例　关心，使客户从退保变成加保

有一次，一位朋友介绍给我的一个客户给我打电话，要我去她办公室面谈。我当时以为她要买保险，我去了以后她跟我讲她要退保，她对保险业务员非常不满意，发了一通牢骚。

我就和她讲："我非常理解您的心情，但是我希望您跟我交往以后，从我的身上重新树立对中国保险业务员的形象。"

她说："你们都说得很好听，最后都兑现不了。"

我说："虽然这件事与我没有任何利益关系，但我可以为您提供服务，您给我一个月时间。您这个保单是一个重大疾病保单，退掉太可惜了，如果退保，您的实际损失会非常大，而且这个产品已经停售了，您再买也买不到了。"

她说:"那好吧,就给你一个月时间。"

然后我问她:"家人在深圳吗?"她说父母在深圳。

"您父母身体都还好吧?在深圳还习惯吗?"

"我爸身体不好,中风了。妈妈身体还可以。"

"那您的父亲现在康复得怎么样?"

"康复得一般,现在有一些后遗症。"

第二天我就去书城,特地去给她的父亲挑了洪昭光教授写的一本书,叫《60 岁登上健康之路》,里面就有关于中风病人如何康复的文章。然后我就给她打电话,说我今天去买书的时候无意中发现了洪昭光教授写的一本书,我跟她聊洪昭光教授,说洪昭光教授是健康专家,她非常高兴。我去她办公室的时候她就给我钱,那本书是 16.8 元买的,她给我 20 元钱,说不用找了。

我和她说:"人与人之间,认识就是缘分,深圳有上千万人口,我们能够在一个办公室见面聊天,这就是缘分,可能上辈子我们是亲兄妹,这书我收钱就太见外了。"

她说:"谢谢啦!我就收下了。那能不能请你吃个饭呀?"

我们吃饭时聊得很愉快。最后她主动说:"你看我买的保险够不够?还要不要再加?"经过我专业的需求分析,当天她就在我这儿加了一份 30 万元保额的重疾险。

为什么客户会主动来找你成交?就是因为客户感受到了你对他的关心。你的关心应该是从客户角度去看、去衡量的真诚的关怀。

第三，尊重感。你要尊重别人。

> 案例　尊重，让夫妻最终成为客户

有一个做明星演唱会的老板，在2012年办了一场演唱会，几万人的大场馆，售票压力非常大，当时我帮他卖了接近5 000张门票，他很开心，主动提出在我这里买保险。结果，买了以后，在保单犹豫期（平安保单有20天的犹豫期），他说要退保。我问他为什么要退保？他说他爱人不同意，非常不认可保险，一定要退。我说："我去跟嫂子沟通一下。"他说："我爱人性情古怪，很难沟通。"我说："那没关系，我明天过来办理退保手续，我们要尊重客户的感受，要理解客户的难处。"

客户是主动买的，现在又要退，一定有难言之隐。我想，君子求诸己，小人求诸人，我们要从自己的身上找原因。买保险是一个家庭的事情，我竟然没有跟他爱人说，责任在我。所以我就和我太太买了一些礼品，一起去他家里为他办退保手续。到他家以后，没跟他讲保险多好，而是先道歉，我说："嫂子，买保险的事情没有经过您的同意，非常抱歉。保险关系到一个家庭的未来，关系到一家人的利益，我竟然没有经过您就给大哥办了保险，错误在我，今天我们是来道歉的。"然后把准备的礼品递给她。

他爱人说:"不好意思,让你们跑一趟。"接着她说觉得保险没什么用,买的时候说得很好,理赔时却很难拿到钱。

经过沟通,我才知道她之前被其他保险业务员误导过。因为她先生说过她脾气比较古怪,所以我们采取以退为进的方式,我说:"嫂子,很理解您的感受,换成我,我也很难再相信保险。但这其实是个别业务员的问题,保险作为国家金融行业的支柱产业,是受国家监管的,这几年保险业发展很快,也越来越健康,今天我们认识后,我希望您从我们身上看到一个正直向上的业务员的形象,我以后有机会还要跟嫂子多多学习交流。"然后,我就给客户办了退保手续。

这位朋友很不好意思,因为我既尊重了他的决定,也尊重了他爱人的决定,他感受到了我对他的尊重,没有给他添麻烦。所以,接下来的半年,他主动给我介绍客户,我因此成交了三张保单,后来,他自己跟他爱人也成了我们的客户。因为我们跟他爱人有了接触,就有了互动和交流,慢慢地,她就改变了对保险的看法。

其实,客户讨厌的并不是业务员推销的产品,而是个别业务员。

第四,支持感。 每个人都需要支持,一定要让客户感觉你是自己人。销售跟进四字法则就是三交四现。三交是指交流、交心、交易，四现是指经常出现、主动表现、留下贡献和订单出现。其中经常出现和主动表现就是一种给客户的支持感，当客户在朋友圈或微信群里发一些好文章或表明正能量时，我们一定要点赞和评论，这也是一种支持感，让客户感觉你是懂他的。

第五，贡献感。 我们要对客户有贡献。成交是一门艺术。有时候在单独的技术层面是很难解决问题的。

> **案例　做出贡献，订单就一定会出现**

我曾经在一个商会里任职，开会时认识了一个人。那次是第一次见面，在此之前我并不认识他，当时我是商会的副会长。我就问他："您是刚加入的还是老会员？怎么称呼您？"他说："我姓陈，我刚加入。"

我问他："陈总，您是做什么的？"他说他的工作是制作手机电池里面的隔膜。

我就问他："这个隔膜是干什么的，有什么作用？"

他说："就是手机电池正负极的隔膜，主要作用是使电池的正极和负极分隔开，防止两极接触导致短路。手机电池爆炸，可能就是隔膜的质量出了问题。"

我问："请问您的产品在市场上有什么优势？"

他说:"我们的技术来自台湾,品质跟德国的一样,但价格低很多,因此我们的产品性价比高。"

我说:"陈总,我有很多客户资源,到时候我去参观您的工厂,看看我的客户能不能成为您的客户。"

这就是为他贡献价值。一流的业务员卖的是价值,不是产品。

他说:"非常欢迎杨会长过来公司指导工作!"

大家思考一下,如果我第一次见面就去跟他聊保险,那么陈总会有很大的兴趣吗?

按照约好的时间,我和我爱人刚到陈总那里,他太太就出来了。他太太是财务总监,了解我是做保险的以后,就聊了一些关于保险的事情,她说为他们服务的业务员非常好,她对这个业务员非常满意。但她聊了几分钟就不耐烦了,然后说:"你们先聊,我还有事。"看得出她对我们没有太大的兴趣,觉得我们又是一对来推销保险的夫妻,浪费她的时间。

知己知彼,百战不殆。我说:"陈总,我很好奇为什么您太太对保险业务员的服务那么满意。"

陈总说:"她们是从小一起长大的闺密,那个女孩子也很会办事,我太太在香港生第二个宝宝,她专门在香港照顾了我太太10天,所以我们一家人都非常感谢她。"

曾经的业务员这么好,客户满意度这么高,我们还有机会成交吗?我们应该从哪些方面入手?工夫在诗外,我决定从价值观入手。切记：没有忠诚的客户，只要价值感足够强，客户就会移情别恋！一定要通过发问找到突破口。

我说："请问今年您面临的最大挑战是什么？"

"最大的挑战就是业绩压力非常大。"

"您一年的营业额有多少？"

他说："一年一亿多。"

我说："应该已经走上正轨了，怎么会有那么大压力？"

他说："因为有投资机构投资，签了对赌协议，如果今年完不成任务，就要让出更多的股份给投资人，所以压力特别大。"

我说："这样吧，我去参观一下您的工厂，然后整合一下我的客户资源，看能否对您有帮助，可以吗？"

我后来找到一个生产涂布机的朋友，因为涂布机也是生产电池的设备之一，他们面对的是同一类客户，所以我安排陈总跟我的朋友见面。在接下来的三个月里，我陪陈总见了十几个客户。功夫不负有心人，还真的帮陈总成交了两单生意。三个月后，陈总一家人就在我这里交了60多万元（一年）的保费，成了我们的VIP（贵宾）客户。

做出贡献，订单就一定会出现。

第六，趣味感。"好看的皮囊千篇一律，有趣的灵魂万里挑一。"这句话说的是，漂亮的外表都差不多，然而想要找到一个内在有趣的人，并不是容易的事情。只有有趣、有料的内在美才最有价值，也最值得珍惜。客户都更愿意跟有趣的销售人员打交道。

化公域流量为私域流量

怎么去经营公域流量，把公域流量变成私域流量？

第一，把产品本身做好。 产品是"1"，营销是"0"。"1"是很有限的，好产品一定要配上好营销。但是，如果产品本身不行，那么"0"再多也没有意义。

时代伯乐创投公司的董事长蒋国云博士（湖南商会会长）是非常优秀的一个人。31岁就是国信证券研究所所长，33岁成为民生证券总裁，2011年放弃千万年薪出来创业，创立时代伯乐，在过去的5年里，他们投资的项目没有一个亏损。

成功不是靠运气，而是靠专业和用心。

时代伯乐专注并聚焦于ICT（信息通信技术）和精准医疗两方面的投资，致力于为投资者及项目企业提供专业服务，以成就客户为核心，以创造社会增量财富为己任，是国内知名的项目企业赋能服务专家、上市公司产业投资专家和地方政府产业升级专家。凭借稳健的投资风格和优异的投资业绩，时代伯乐已成为国内少数知名"产业+PE（私募股权）"投资机构，企业规模、融资规模越来越大，资产管理规模有200

亿，也是全国排名前 50 的私募机构、深圳排名前 10 的投资机构。之所以取得这样的成就，就是因为蒋总他们把产品做到了极致。

做好产品本身就是最好的服务。

第二，经营客户的人心。流量时代终将结束，当今市场越来越注重人心。人心所向，所向披靡。你把你的客户经营好了，以后就会非常好。

第三，经营粉丝社群。你一定要有自己的粉丝社群，要有自己的鱼塘，它的本质是经营粉丝的心。经营得不好，粉丝就会成为"僵尸粉"或者普通的粉丝，买点儿东西以后再也不买了，也就谈不上什么"铁杆粉""脑残粉"了，我们就得在满意客户和忠诚客户上面打引号。

做到这三点，引进来的公域流量就能变成私域流量。

第四章
成交的最高境界是让客户追着你成交

成交的王道：一切成交都是为了成就客户的梦想！

●

移动互联网时代，品牌更容易精准打动细分
目标人群，迅速爆红。

●

由于名人（品牌）效应的存在，客户买的
已经不是车或保险了，而是梦想，
是一种资本。

●

网红之所以能够成为钱包杀手，
其实就是因为他们掌握了成交的
王道和成交的逻辑。

超级网红始终冲着让客户买到
便宜的好货的梦想而来。

•

为什么客户会追着你成交？
因为你成就了他的梦想。

•

任何违背道德和良知的成交，都是自掘坟墓。

•

我们要怀着关心和爱去成交。
让爱和喜悦成为成交的主色调。

成交的王道：一切成交都是为了成就客户的梦想

移动互联网时代，品牌更容易精准打动细分目标人群，迅速爆红。

我们首先针对当前社会的一些现象，聊聊为什么会有很多客户追着你成交。

第一，世界上有很多大师级的销售人员。比如96岁还不退休，依然到处跑业务的梅第。保险服务从业超过60年的梅第先生，说过这样一句话：

"我年轻时每个月做两份保单，现在每个月参加两个葬礼，用当初苦口婆心让他们在我手中签的保单，给他们指定的受益人送去几百万美元，这是他们的亲戚朋友和兄弟姐妹都做不到的。在所有我服务的客户家族中，我是最受尊敬的人，因此我愿意为保险业奉献一生！"

梅第96岁还没退休，早上4点半起床，7点前进办公室，下午开着电动轮椅见客户、服务客户。他把自己的一生都奉献给了保险业。2019年10月13日，97岁高龄的梅第与世长辞，传奇的一生落下帷幕。

要提前一个月预约,才能在梅第这里买到保险,为什么?因为梅第是保险业传奇人物,销售年收入高达 2.8 亿美元。

在乔·吉拉德这里买车也要提前一个月预约,因为乔·吉拉德是著名推销员。

为什么这些客户会追着梅第、乔·吉拉德去成交?因为客户会跟别人说,你看,我的车是在乔·吉拉德那里买的,我的保险是在梅第那里买的。这就是名人效应。由于名人(品牌)效应的存在,客户买的已经不是车或保险了,而是梦想,是一种资本:你看我的车或保险是在 ×× 那里买的。

我有很多学生也找我买保险,尽管他们身边的亲友也是做保险的。我有一个朋友,他爱人就是做保险的,但他在我这里买,是因为他觉得杨响华是一个品牌,在我这里买保险成就了他的某一个方面的梦想。

第二,网红经济。目前有很多网红。比如淘宝著名主播薇娅,2018 年销售额约为 27 亿元,2019 年"双 11"一天的销售额为 28 亿元。她希望打造的爆款不是绚烂的烟花。她每天最重要的工作就是选品,选"品质过硬"的产品。"其实市场从来不缺好的产品,好的产品加上好的服务才能打造出真正的爆款。"薇娅说。

另一位著名主播李佳琦,10 秒钟卖出超过 10 万支口红,其核心也是为客户挑选性价比极高的商品。

网红之所以能够成为钱包杀手，其实就是因为他们掌握了成交的王道和成交的逻辑。为什么很多明星的带货量不行？有的明星去卖奶粉，收上百万元的直播费，但是最后才卖了几百件产品。这些网红带货，只要吼一吼，成交额就能达到几十万、几百万元，甚至一场直播一天的业绩都超过了90%以上的上市公司。为什么超级网红卖货远超一般的明星？因为在移动互联网时代，信息越来越透明，让客户"交智商税"的时代已经一去不返了。

再来看看李佳琦卖货，所有东西10秒内必卖光。他跟厂家有约定，优惠力度都很大，售价都是市场价的1/3，他们还送优惠券和礼物，所以任何一件东西一旦上线都会瞬间售空。他卖的最贵的口红只有490元，产品便宜，所以他成交的难度不高。正因为他能让客户买到全网价格最低的产品，所以才有那么多人等待李佳琦开直播，因为，只要直播一开，就能买到全网价格最低，同时品质又好的东西。这就是所有人的梦想。

超级网红始终冲着让客户买到便宜的好货的梦想而来，一切成交，都是为了成就客户的梦想。成交的本质，就是成就客户的梦想，而不是套路销售。网红就是要把好东西卖得更便宜，为客户争取最大的权益。

为什么客户会追着你成交？因为你成就了他的梦想。

任何违背道德和良知的成交，都是自掘坟墓

对于现在市面上的很多东西，我们都惊讶于当时为什么会有很多人成交？其实它们就利用了人性的贪婪。

比如 P2P（互联网金融点对点借贷平台），有些人说这个名字没起好，听起来像"骗了又骗"。P2P 就是一个平台，把出借资金的人和需要借钱的人引到平台上，假如说一方有余钱，另一方可能需要钱，但是双方不认识，就来到这个平台。这个平台撮合了资金的需求方和供给方，盘活了资金，它本身是一个好东西。

但是，很多 P2P 平台在融到投资人的资金以后，把钱融进了自己的企业，也就是自融。其实这就是个骗局，90% 以上的 P2P 平台都没有按照 P2P 构建的模型来运作，一开始就用高利息来吸引客户，前期还有各种高额的推广奖。

> 案例　P2P 平台 e 租宝的倒台

这几年倒闭的 P2P 平台非常多，如影响最大的 e 租宝。

2015 年 12 月 8 日，当时排名全国第四的 P2P 平台——e 租

宝，因涉嫌非法集资被查封关停。2016年1月14日，21名涉案人员被北京检察机关批准逮捕。有关部门查明，e租宝涉案金额高达762亿，未兑付金额400亿元，牵涉投资人近80万人。

此前，e租宝是能在央视做广告的平台，北京地铁上到处都能见到它的广告。这样一个在外行人的印象中一定靠谱的平台都出事了，肯定会让投资人对于整个P2P圈的信心基础产生巨大的动摇，也会让不少投资用户陷入P2P理财的恐慌中，这件事带给投资者的伤害不亚于此前的股市大跌。

当时，我一个朋友的孩子从南京大学毕业后去了e租宝公司做培训部经理。她之所以能从一个小职员做到经理，就是因为把舅舅、姑姑、父母的养老钱共270多万元都投到了e租宝。她入职7个多月，e租宝就倒闭了。e租宝倒闭之后，这女孩的家人、朋友投入的资金都没了。她受不了这么大的打击，得了精神上的疾病，现在还在深圳的一家医院住院。

e租宝的创始人、高管都被逮捕了，因为他们做的是违背道德和良知的成交。

基于常识的理性投资

对于老百姓投资理财的风险，银保监会主席郭树清有过提醒，他说："收益率超过 6% 就要打问号，超过 8% 就很危险，10% 以上就要准备损失全部本金。"

影响理财产品收益的因素主要就是风险、流动性和投资门槛，其中影响最大的就是风险。如果按照风险来划分，那么郭主席说的 6% 确实是一个分水岭，现在可以视作无风险投资的产品，其收益率没有可以超过 6% 的。在几乎没有风险的产品当中，国债和民营银行存款的收益算是很高的了。现在国债的年收益总体在 4% 左右，跟 6% 的收益率还是有一点儿距离的。而目前银行的 5 年期存款的利率也只有 3.5%。

对于安全的投资来说，6% 确实是一道槛。而目前 P2P 的行业平均收益率是 8.13%，其中收益率达到 10% 以上的也有不少。但 P2P 的风险系数有多高，大家有目共睹，血本无归的大有人在。大家一定要记住，8% 的收益率基本上是高风险投资才能拥有的。如果有人说他一个月给你 3%、4%、5% 的利息，他就是高利贷。你想要别人的利息，别人盯着你的本金。

大家一定要有这个常识，现在在我国的生产企业中，电子行业的平均利润率是 1.5%~2%，制造业的平均利润率也只有 3%，大型企业的平均利润率也只有 5% 左右。一个企业，企业家这么用心，投入了资金，投入了设备，投入了那么多的资产，还有企业家的智慧，企业一年的利润从中国的平均水平来看也就是 3% 左右。所以郭树清主席的话非常有道理，这些就是常识,我们具备这些常识就不会被骗。

举个例子,我有一个经营企业的朋友,他是给小米做代工的,做空气净化器,一年的营业额为6亿元,利润为800万元,净利润率为1.3%。还有一个开工厂的朋友,给华为手机、中兴手机做充电线,一年的营业收入为10亿元,但是利润只有1 200万元。他跟我讲:"其实客户都给我们算好了,原材料是多少钱,加工费是多少钱,然后我们开一个价。当然,能够接到这些大公司的单,我们还是觉得很幸福,大公司不轻易倒闭,货款比较好收。"

中国股市的"一二七"规律,就是10%的人是赚钱的,20%的人是持平的,70%的人是亏损的。我估计现在企业的情况也差不多,企业的利润比纸还薄,有人说,企业赚钱就好比干毛巾拧水。

打着"区块链、原始股、虚拟货币"等旗号的骗局

现在,打着区块链、原始股的旗号招商的人,大多数都是骗人的。

区块链就是一项分布式存储的技术,很多项目披上区块链的外衣,就是想利用人们的贪念。

还有原始股，大家只要有常识就不会被骗。大家思考一下：假设你的标的企业很优秀，很快就要上市了，那么它会把原始股拿出来卖给毫不相干的普通人吗？

有一个公司打着售卖香港的原始股的幌子，骗内地的投资人，涉及的资金有上百亿元。这些骗子为什么能成交那么多客户呢？就是因为利用了人性中的贪婪。

> 案例　不做违背道德和良知的成交

我原来在保险公司的一个同事，2010年离职后自己开了一个做贵金属和期货交易的公司，主要通过互联网找客户，以高收益为诱饵，其实这种情况绝大多数是骗局，因为交易数据都是可以随时修改的，服务器也设在海外。

前两年，他又开始做虚拟货币，自己开交易中心，发行虚拟币，说他的币未来会像比特币一样值钱，还专门来找我，请我吃饭，说要跟我合作，让我以公司股东的名义来站个台，要是做得好，一年可以分给我1 000万元。他说，只要我跟他合作，我每年都会很轻松地多挣1 000万元，比我做保险挣钱快多了，做两年就能实现财务自由了。

我向他明确表示："这件事我肯定不会做，别说1 000万，就算1亿，我也不会做，因为这违背我的价值观，是违背道德和良知的事情，给我再多的钱我也不做。"

2019年春节前一个星期,就在他深圳的家里,两夫妻被抓走了。后来他的家人还联系我,让我帮忙请律师打官司。我说:"他做了骗人的事情,打官司也不会赢,让他在监狱待几年也是好事。他还年轻,要是能好好改造,出来后只要走正道,人生就还有机会。"

优秀的销售人员,永远都不会失业

2020年新冠肺炎疫情,使餐饮、旅游、服装、化妆品等很多行业遭受了毁灭性打击。有一天我碰到了一个朋友,我说现在受影响最大的应该是旅游业和餐饮业。她说,影响更大的是化妆品,人人都戴口罩出门,还需要化妆吗?服装业也受影响,中国人有春节买新衣服的传统,往年春节期间都是消费高峰期,很多人都会到线下的服装店去试衣服,但是因为新冠肺炎疫情,人们都无法出去买衣服。所以新冠肺炎疫情的影响是方方面面的,远远超过2003年的非典。2003年,我国第三产业的占比只有大约30%,但是现在达70%,因为新冠肺炎疫情,人们都不能出去,第三产业受到的影响最大。

这时候,企业里面什么人最值钱?一定是优秀的销售人员,这类人永远不会失业。每个企业都是好的时候需要销售,差的时候更需要销售。

　　我们相信，新型技术会为我们未来的经济发展提供强有力的技术支撑。然而，想法只有落地才能有效果。在这个过程中，只有不同专业和行业的人员通力配合，才能让想法开花结果。其中，市场和销售人员就是非常重要的一环，他们把公司和客户连接起来，将优质的产品和解决方案提供给客户，为客户创造更高的附加价值。也正是基于此，随着这两年国家对于制造业的投入和重视，很多制造业、科技行业相关公司顺势而为，开始大量招聘销售人员来扩大市场份额，希望在这个窗口期获得快速发展。

　　销售人员一定要不断学习，提升自己，不能做违背道德和良知的事情。你如果发现你所在的企业做的事情是违背道德和良知的，就赶快离开它，或者举报它吧。

让爱和喜悦成为成交的主色调

我们要以爱心为起点,以欢心为目的地,用真心付诸行动。我们要怀着关心和爱去成交。我们每一个成交动作,都是为了成就客户的梦想,让喜悦和爱贯穿在整个销售过程中。

所以在做销售的过程中,我始终非常开心,即使客户拒绝我,我也很开心。销售就是跟拒绝打交道的,没有拒绝哪有销售呢?我经常开玩笑,当客户拒绝你的时候,你应该开心,因为这时就体现了销售人员存在的价值。如果某个行业的产品服务不再被拒绝了,它就不需要销售人员了。比如现在的网红,卖口红、卖酒,把价格定到全网最低,很多人主动去买,把销售的中间环节省掉了,就不需要销售代表了,销售人员就没有了价值。

能让客户感受到爱和喜悦的平台、公司或销售代表,其成交其实都很简单。如果我们以成就客户的梦想为目的,让爱和喜悦成为成交的主色调,客户就会主动来成交。

我现在 60%~70% 的保单,都是客户主动来找我签的,因为我的口碑和个人品牌已经建立起来了。别人找我买保险,一是因为我的服务非常好,二是因为我的专业性,同时他还会获得我的人脉的赋能。我的人生格言是,前半夜想客户,后半夜还是想客户。我一定会想尽一切办法为客户赋能,如果成为我的客户,那么他买的不仅仅是一张保单或者一个产品,还有优秀的、卓越的销售人员的人脉圈。所有的优秀的、卓越的销售代表或公司,都会去成就客户的梦想,帮助客户成功,所以客户才会主动来成交。

第五章
真正的销售是从成交之后开始的

获取一个新客户的成本，
是维护老客户的成本的 6 倍以上。

•

用 80% 的时间走访老客户，
用另外 20% 的时间去做随机销售。

•

任何销售的底蕴都是基于人脉的。
对于销售人员来说，嘴巴就是移动的
店铺，缘分就是客户。
做销售要相信天道酬勤。

你遇到的每一次拒绝其实都是有价值的,
这些拒绝可以把那些不合适的人筛选出去,
真正的客户已经离你越来越近。
所以,我们要保持平常心态。

●

我们一定要把漏斗变成沙漏,
从成交的客户这里挖掘出更大的价值。

●

成交是一个生命体。
服务好老客户,老客户转介绍新客户,
可以使销售成为一个不断扩大的生态循环。

获取一个新客户的成本，是维护老客户的成本的 6 倍以上

在保险行业，如果碰到做了四五年还在做陌生拜访的朋友，我就会批评他：你不懂销售，因为你没有把 80% 的时间花到老客户身上。"二八原理"在哪里都是行得通的，你要把时间花在维护老客户身上，服务好了老客户，就会获得源源不断的新客户。

获取一个新客户的成本是维护老客户的成本的 6 倍以上。老客户如果不满意就会离你而去。获取一个新客户的成本又非常高。在做面对面销售的时候，我建议用 80% 的时间走访老客户，用另外 20% 的时间去做随机销售。随机销售就是随时随地保持销售状态，即销售生活化。

例如，我去餐厅吃饭时，我可以主动去认识餐馆的老板或者楼面经理；带小孩去公园玩的时候，也可以去认识其他人。其实任何销售的底蕴都是基于人脉的，只要你能保持时时刻刻认识新人，通过沟通，做好人脉的连接，销售成交就会像呼吸一样自然。

要想做好销售，关键在于两件事：一是转介绍，主要是来自老客户的转介绍；二是随机销售，即走到哪里就销售到哪里。

对于销售人员来说，嘴巴就是移动的店铺，缘分就是客户。

你一定要以你销售的业务为荣，热爱你的行业，热爱你的公司、热爱你的产品。你发自内心的热爱，客户是感觉得到的。但是，这不是说见一个人就要推销产品，销售是有流程的，不是走过去就能直接成交的，这违背了销售的规律和逻辑，也不符合人性。

真正的销售是从成交之后开始的。

漏斗模型：传统销售模型

销售有几个模型，传统销售是一个漏斗状的模型（见图5-1）：

第一，要有海量名单或者精准名单。

第二，进入电话约访环节。并不是每一通电话都能约到人，这个环节会筛选很多人。比如，我的名单中有200个人，但我能够打通电话的只有100个人。

第三，同意跟你见面、能够进入销售面谈的可能只有50个人。

第四，允许你进行需求分析、提供方案的可能有20个人。

第五，表达认可、最后成交的可能有 10 个人。

这是一个漏斗模型。不是名单中的每一个人都能成为你的客户。

- 列名单 200
- 电话约访 100
- 销售面谈 50
- 需求分析 20
- 成交 10

图 5-1　传统销售漏斗模型

沙漏模型：互联网时代模型

做销售要相信天道酬勤。你遇到的每一次拒绝其实都是有价值的，这些拒绝可以把那些不合适的人筛选出去，真正的客户已经离你越来越近。所以，我们要保持平常心态。

漏斗模型没有把客户的力量放大，我们要从漏斗模型变成沙漏模型。

现在，很多餐馆都会放一个沙漏，沙漏的形状有一点儿像哑铃，两头儿大一点儿，中间小一点儿，沙子经过中间的狭窄通道，代表成交，成交之后，空间立刻放大。**我们一定要把漏斗变成沙漏，从成交的客户这里挖掘出更大的价值。**

乔·吉拉德在每个节日（如感恩节）都会给他的客户寄贺卡，表达一份感谢。客户非常满意，所以客户以在乔·吉拉德这里买车为荣。这就是经营老客户的身、心、灵，让老客户一生都追随你。

生态循环：生生不息，成交是一个生命体

我们前面讲到了服装品牌世家宝，它不只做客户一单买卖，也不只做客户一生的买卖，而是做客户一个家族几代人的买卖。有些家族好几百年都在用世家宝的面料和定制的衣服。这就是沙漏模型：老客户介绍源源不断的新客户。

沙漏模型最高级的状态是什么呢？流进来的、数量不断增加的客户又都源源不断地介绍新的客户，使其进入新的循环。

最高级的销售业态是一个生态循环。生态循环成本低、损耗小，专业化销售就是一个生生不息的循环。比如，微信就像一种生命体，它自己会长大，从1到2，再到3，最后到千千万万。从2011年1月推出，不到10年时间，微信在全球范围内已拥有超过11亿用户，95%以上的微信用户都不是微信

团队去发展的，而是微信用户自己下载或朋友推荐的，它就像一个生命体，能够茁壮成长。

做销售，也要打造一个富有生命力的成交系统，让客户循环起来，其核心就是服务于好客户，同时去除不好的客户，就像一个人发现身体里面有一个不好的东西，把它从身体里面拿掉一样。只要让健康的生命体不断循环，我们就会生生不息，我们在销售里面就会越做越开心，就会找到成就感！

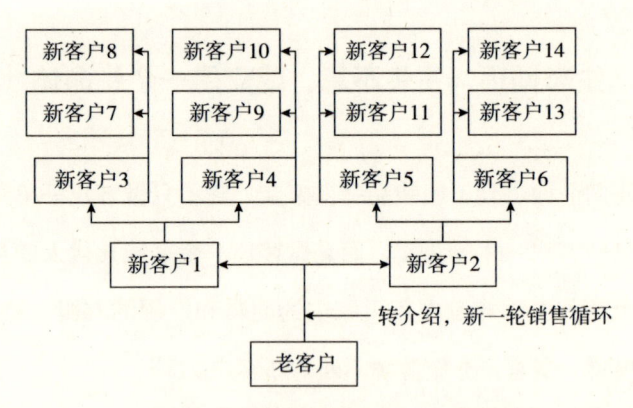

```
新客户8    新客户10    新客户12    新客户14
新客户7    新客户9     新客户11    新客户13
新客户3    新客户4     新客户5     新客户6
       ↖      ↑             ↑      ↗
         新客户1              新客户2
              ↖           ↗
               ← 转介绍，新一轮销售循环
                   老客户
```

图 5-2　销售循环及客户生态成长图

成交是一个生命体。服务好老客户，老客户转介绍新客户，可以使销售成为一个不断扩大的生态循环。

真正的销售是成交之后开始的。销售是一个闭环，而且要不断循环，并不断向上生长，随着销售人员的用心经营，客户的阶层会越来越高，这样单子会越来越大，而且会越做越轻松！

第六章
成交是人生最深刻的修行

大千世界,茫茫人海。变幻的世界,
让我们在人生的旅途中不断地选择。
每当我们站在人生的十字路口时,
自己选择的方向,都是一次成交。

·

成功就是每天进步一点点。
花若盛开,蝴蝶自来。
销售人员的自我成长,
才是销售成交率提升的核心。

·

我们应该把勤奋和努力用在提升自己的
能力上面,要用心地琢磨客户需求,
要日思夜想地为客户创造价值,

这样才能跟客户匹配。
世界观、人生观和价值观要跟客户匹配。
经营客户就是经营客户的认知，只有
客户发自内心地认可你、认同你，
成交才会变得更简单。

•

有很多因素会影响销售成交，但是成交有两个
核心因素，一是人际关系，二是专业技能。
所以，要想成为销售高手，你必须
成为人际关系高手，同时必须成为
专业人士。切记，专业创造价值。

人生就是一个不断成交自己的历程

你的人生就是你的选择，你的选择就是你成交了自己

大千世界，茫茫人海。变幻的世界，让我们在人生的旅途中不断地选择。每当我们站在人生的十字路口时，自己选择的方向，都是一次成交。

人生绽放光彩，不过是因为我们做出了相对完美的选择。我们为此不断奋斗，在奋斗中不断地选择，面对现实，接受现实，用选择来面对自己的选择。

比如我，高中毕业时是继续读书还是去打工？我选择了打工，高中毕业后我做过保安，做过普工，做过泥水匠，这些都是我成交了自己的结果。

后来，我选择再次回到学校读书，这也是一个成交自己的结果。我为什么要选择重新回学校读书呢？高中毕业踏入社会的三年，我一直在寻找人生的突破口，但很遗憾，一直没有找到，所以非常痛苦。这时，我的亲人跟我讲，人生两条路，要

么当兵，要么读书。我当时就想去当兵，结果没当上。这个时候，我又面临一个很痛苦的选择，继续打工还是回去读书？我离开学校已经三年，而且之前的成绩也一般，何去何从？我选择了一条最难的路，重新回到学校。这是我人生中第一个转折点，如果我当时没有重返学校，那么我不知道我的人生会是什么样的。

经过努力学习，我成了我们家族第一个大学生。我于1999年毕业，因在大学期间表现优秀，毕业后被分配在老家的财政局上班。上班一年后，因感觉自己的性格并不适合做公务员，2000年7月，我选择放弃公务员的职位，南下深圳。在深圳工作一年后，我于2001年9月离职创业。2002年8月，创业失败，我选择进入保险业。人生就是一个不断地成交自己的过程，你的人生就是你不断成交自己的结果。

我们如何把销售成交做得越来越好，越来越轻松，越来越有尊严呢？核心是要向内求，要苦练内功，让自己持续成长才是问题的关键。

成交最核心的关键是成交你自己

成交你自己，就是成交你的梦想、你的选择。关键时刻，一个人的选择很重要，就像一辆车上了高速公路，如果走错了出口，想再回来就很不容易了，你要从很远的地方掉头，接着发现入口处又堵车了，所以选择有时比努力更重要。

　　成交最核心的关键是在人生的各个关键节点上成交自己，让你自己走在正确的方向上，成功的人生，正是基于你做出的正确选择。

　　人生就是一个不断成长、不断成交自己的历程。首先，我们要让自己越来越优秀。

花若盛开，蝴蝶自来

营销策划专家路长全老师说："在你还没有足够强大之前，不要谈什么人脉。"销售人员每天都要不断成长，从普通到优秀，从优秀到卓越。我每天都问自己四个问题：今天我的身体进步了吗？今天我的学习进步了吗？今天我的习惯进步了吗？今天我的工作进步了吗？我不允许自己一天下来没有任何进步。

成功就是每天进步一点点。花若盛开，蝴蝶自来。销售人员的自我成长，才是提升销售成交率的核心。

很多销售人员都想经营中高端客户，经营中高端客户的核心是你要跟客户匹配。我们说，销售就像谈恋爱，要门当户对，如果门不当户不对，成交就会很难。打个比方，你去追求一个女孩子，由于你自己不够优秀，最后不仅没追到，女孩子还可能会讨厌你，远离你。很多销售人员不明白这个道理，销售行为总是不招客户的喜欢，勤奋和努力变成了对客户的骚扰，你越勤奋，客户越讨厌你。

我们应该把勤奋和努力用在提升自己的能力上面，要用心地琢磨客户需求，要日思夜想地为客户创造价值，这样才能跟客户匹配。

与客户的三个方面的匹配

三观匹配

世界观、人生观和价值观要跟客户匹配。经营客户就是经营客户的认知，只有客户发自内心地认可你、认同你，成交才会变得更简单。

我是做保险销售的，保险被誉为最难卖的商品，因为其他产品都是客户在需要的时候买的，而保险是客户在不需要的时候买的。保险是世界上唯一一种在需要的时候无法买到的商品，销售难度非常大，我采取的措施就是先把自己销售出去，销售自己的核心就是销售自己的三观。

> 案例　远亲不如近邻

小区是开展保险业务最好的市场之一，因为客户集中，容易接触，同时具备购买力。怎么跟邻居们沟通？

我跟邻居们分享两个观念：邻居比亲人更重要，远亲不如近邻。

具体怎么操作？

第一，为小区贡献自己的力量。不要问小区为我们做了什么，要问问自己为小区做了什么。举个例子：新冠肺炎疫情期间，我给我们小区管理处捐赠了 2 000 个口罩。另外，每年春节我都为小区管理处和业主送春联，还会为小区管理处负责的儿童节活动提供赞助礼品。我坚信，付出者有收获，付出者有口碑。

第二，把邻居当亲人。之前我家隔壁住的是一对 80 多岁的老夫妻，我们跟老人相处得非常好，经常串门，有好吃的也会给老人送过去，因为老人的儿子和孙子没有跟他们住在一起，一般周末才过来，有时甚至周末也不过来。

当然，两位老人对待我们就像自己的亲人，把我们家的孩子当成自己的孙子看待，有时候我们夫妻回来晚了，孩子们就在老人家待着，老人还会给孩子们辅导作业。

有一次，我发现两位老人一两天没出来过，敲门也没反应，电话也打不通，我就很着急，很担心老人是不是出了什么事情，马上去找管理处，通过电话联系到了老人的儿子，这才知道老人到儿子那边去了。虽然我现在不住在那个小区了，但还会隔一两个月去看看这对老夫妻。

我会跟我的邻居们分享这个故事，阐述我对待邻里关系的价值观。

社区经营和社群经营已经成为各个商家激烈争夺的战场。

以保险为例，在深圳，如果每家客户的保费支出达到每年

10万元，以一个小区平均 3 000 户计算，年缴保费可达 3 亿元，若工作 10 年努力拿下 20% 的份额，保费就高达 6 000 万元，每年 600 万元的年缴保费，在中国保险市场已经是顶尖水平了，所以小区是最好的市场之一。

以经营我目前的邻居为例。平日里，每次我们老家寄来一些特产或者当季的水果，我都会给邻居拿一些，对待他们就像对待自己的亲人一样。

起初邻居可能会觉得你有目的，会怀疑你这么热情是不是为了保单。换位思考，这也是人之常情，但是一个月、两个月、一年、两年你都坚持这样，邻居就一定能感受到你的热情和用心。人心都是肉长的，你的用心，对方一定是可以感受到的，我记得我主动跟邻居分享了若干次后，有一次邻居夫妻带着孩子按我们家门铃，他们给我们送来了很多从澳门带回来的特产，我知道邻居已发自内心地接受我们了，一个月后，邻居成了我们的 VIP 客户，现在我们两家成了非常好的朋友。

人心是世界上最难琢磨的一件事情。但是我相信，精诚所至，金石为开。三观正确，善待身边所有的人，一定会结交越来越多的真心朋友。

与准客户或客户三观匹配，会让你交到越来越多的真心朋友，多个朋友多条路，你的销售之路也会越走越宽。

方案匹配

美国成功学鼻祖卡耐基总结了一个关于成功的公式：成功 = 15% 的专业技能 +85% 的人际关系。人际关系和专业技能是一个人迈向成功最重要的两个因素，就像一个人有最重要的两个部位，一个是脑袋，一个是心脏。很多器官，如肾脏、肝脏，都可以移植，但是你不能移植脑袋。一个人，缺一只胳膊可以活，缺一条腿可以活，但缺了心脏不能活，缺了脑袋不能活。

有很多因素会影响销售成交，但是成交有两个核心因素，一是人际关系，二是专业技能。所以，要想成为销售高手，你必须成为人际关系高手，同时必须成为专业人士。切记，专业创造价值。

专业技能就是发现问题、分析问题、解决问题的能力，为客户做需求诊断，并给出与之匹配的解决方案。

成长匹配

你的成长也要跟客户的成长全方位匹配。比如物质上的匹配，客户开奔驰了，你还骑个电动车，怎么匹配？你的硬件配置也要跟上。我家现在有两辆车，一辆是奔驰 S350，是 2011 年买的，一辆是路虎行政加长版，同时我还配备了专职的司机。这不是炫耀，这是投资，这样你才能进入更好的圈子。

还有学历的匹配。现在很多优质客户都在利用周末时间去充电学习，很多企业家都在读研究生，若你还是高中学历，怎么匹配？

每一个销售人员都想做大单，《孙子兵法》上说：知己知彼，百战不殆。我们必须潜心提升自己，同时要研究客户。

举个例子：我们中国3 000万元以上的高净值客户，也就是能够拿出3 000万元以上来做投资的高净值客户，50%以上都是硕士及以上学历。可投资资产超过一亿元的客户，60%是硕士及以上学历。你要去研究你的客户是什么学历，他喜欢什么，他讨厌什么，这些是内在的了解。外在的物质表现会呈现什么样的状态呢？据《私人财富报告》报道，3 000万元以上的高净值客户，家里有三部好车、两块名表，喜欢喝茶，喜欢运动和打高尔夫球。而亿元以上的高净值客户，家里有四部车、三块表。要想与大客户匹配，必须研究客户的形和魂。你要成长，如果你不成长，而你的客户在成长，那么你怎么跟他匹配？

花若盛开，蝴蝶自来。成功才会吸引成功！

怎么成长？

关于成长，有三点很重要。

君子不器

"君子不器"出自《论语·为政》。器者,形也。有形即有度,有度必满盈。故君子之思不器,君子之行不器,君子之量不器。君子要心怀天下,不像器具那样,作用仅仅限于某一方面。不能囿于一技之长而只求发财致富,而要从万象纷呈的世界中,悟到众人所不能把握的冥冥天道,从而以不变应万变。要想成为一个综合素质很高的全面性人才,就是现在讲的"T"型人才,你的知识结构既要有宽度,要懂得天文、地理、人文、哲学、心理、子女教育等,同时还要有深度,即在你自己的领域,你是专家,最好是权威。

一个人若只懂自己专业这一块,是很难成大家的。例如,做保险的人只懂保险,肯定是不太受欢迎的。工夫在诗外,学习一定要多涉猎一些领域,知识的宽度和深度同样重要。

君子求诸己,小人求诸人

什么是君子?做一件事情,不管成功还是失败,都会反思:成功是因为做对了哪些事,失败是因为做错了哪些事。一定要寻找内因,不要总是觉得成功是因为自己厉害,失败则是由外部原因导致的。如果把成功归于内因,把失败归于外因,你就是个普通人。不管成功还是失败,都要从自己身上找原因。

成功会有运气的成分,但是你自己做对了哪些事情,做错了哪些事情，都要反思和复盘。马云说过，研究失败比研究成功更有意义。财经作家吴晓波写的《大败局》很畅销，因为它是从失败上寻找原因，吸取教训比研究成功更重要。君子求诸己，小人求诸人。关键是你要找到自己的短板，不断补齐短板。人不可能成为一个完美的人，你一定要求诸己。成功就是发挥优势，然后弥补短板。

时代伯乐的董事长蒋国云先生，是中国十大投资人之一，目前管理的资产规模接近 200 亿元，他刚出来创业时也投资了一些不是很理想的项目，甚至个别项目出现了重大问题，但近 5 年来他们公司投资的项目无一亏损，就是因为老板本着"君子求诸己，小人求诸人"的思想，认真反思自己。

蒋总说，现在看项目，他最关注的问题有三个：

第一，初心。企业家的初心很重要，一个企业家创业的目的如果只是赚钱，那么这个企业是经营不长久的，同时也不会有大的成功。而如果一个企业家的初心是解决一个大的问题，这个企业的生命力和创造力就很强，比如，平安保险的使命是"让每一个人拥有平安"，好省的使命是"让客户买好货更省钱"等。

第二，优势。成功的经营就是经营自己的优势，问问自己，我的优势是什么？我的哪个优势是别人不具备的？比如，国内很多互联网公司的创始人，都是从腾讯、阿里巴巴和百度等互联网公司出来的,而这就是他们的优势。一是经历优势,他们经历了中国最优秀的互联网公司从小到大的过程,这种经历非常重要。二是人脉圈优势,有些人即使有这样的想法,也不具备这样的人脉圈。所以有人说,最厉害的大学是你的朋友圈。你的朋友圈有多厉害?你的优势在哪里?同时,你一定要找到你的短板,不是说一定要把短板变成长板,这太难了,你的短板一定要找别人来弥补,所以我们需要团队。

第三,团队。我们做销售的其实也要靠团队。李佳琦也好,薇娅也好,他们都不是一个人在奋斗,都有非常厉害的团队在幕后运营。

成长是成功的阶梯,每天成长,每天进步一点点

要想成为一名卓越的销售,每天睡觉前必须问自己四个问题:

今天我的身体进步了吗?

今天我的学习进步了吗?

今天我的习惯进步了吗?

今天我的工作进步了吗?

身体进步是一切进步的前提和保证,如何确保身体进步?

第一,合理膳食。核心是七八分饱,并减少米饭或面食的比例,避免过多的碳水化合物摄入,同时不挑食。

第二，适度运动。每天坚持运动一小时，推荐每天快走10 000步。

第三，戒烟限酒。吸烟已经被证实跟肺癌有直接联系。在一些场合，酒只是可以烘托一下氛围，很多人把销售人员戏称为"研究（烟酒）生"，其实是误区，我本人几乎不沾烟酒，客户跟我们做生意是因为看中了我们产品或服务的价值，而不是因为我们陪客户喝酒抽烟！

第四，作息规律。我每天晚上12点30分睡，早上6点30分起。科学研究表明，人的一个睡眠周期为90分钟，即1.5小时，睡眠少于三个周期（4.5小时）或多于6个周期（9个小时）都不利于健康，且猝死风险大大增加！我每天晚上睡四个睡眠周期，再加上午睡，我每天的状态都很好！工作效率也非常高！

第五，情绪平和。顺境时多些小心，逆境时多些耐心。

学历代表过去，学习力代表未来，如何做到学习进步？

我每天坚持学习1~2小时，其中1小时是必须保证的（每天早上在运动的同时听书学习），主要安排是一天深度学习（专业方面），一天宽度学习（主要是听樊登读书和喜马拉雅音频或阅读今日头条文章）。

未来最值钱的人才是T型人才，即知识结构既有宽度又有深度，这样才能做到"行业内是专家，行业外是杂家"。

销售人员很多的困惑都源于学习力不足。现在的时代日新月异,如果一段时间内不学习,就可能被淘汰!

工作是我们的生存和发展之本,如何在工作中胜出?干好工作到底什么因素最重要?

学历?长相?背景?资源?金钱?年龄?性别?专业?目标?坚持?运气?健康?名字?付出?情商?……

看起来这些因素都重要,好像又不是绝对重要的。

其实,做好工作有核心能力和辅助能力之区别,以上因素中,目标和专业能力是核心能力,其他的都是辅助能力。所以,要想做好销售必须要有清晰的目标,要刻意提高自己的专业能力!

性格决定命运,而习惯决定性格。

牛顿第一定律讲的就是惯性,引申思考一下,优秀和不优秀都是一种习惯。很多人说,我的习惯已经不好了,怎么办?方法就是通过外力来改变它!连续21天可以养成一个习惯,连续90天可以固化一个习惯!牛顿第三定律讲的是作用力与反作用力,再加上能量守恒定律,将这些物理定律引申到工作中我们就会悟出付出者会得到收获,只要努力,结果一定不会差!

若你坚持每天问自己这四个问题,相信坚持三个月后你一定会脱胎换骨!

成交高手的自我修炼

销售是一个门槛不高但是对综合素质要求很高的职业。

为什么对综合素质要求很高？现在各行各业同质化竞争很激烈，成交是很不容易的。有人说，这个世界上最难的两件事，一是把自己的思想装进别人的脑袋，二是把别人的钱装进自己的口袋。而销售人员要同时完成这两件事，所以需要很高的综合素质。

星云大师是台湾佛光山寺的住持、著名的大和尚，在整个华人界几乎无人不知，无人不晓。我看过很多他的书，其中有一个故事我印象特别深刻。

有一次，大和尚的徒弟跑过来问大和尚："师傅啊，我已经拿到佛学的博士学位了，你看我还需要学什么吗？"骄傲之情，溢于言表。星云大师跟他说："恭喜你拿到了佛学博士学位，但是有一门课，你要终身学习，而且永远毕不了业。你知道是哪门课吗？"这个徒弟蒙了：终身学习，永远毕不了业，居然有这样的课！他说："请师傅指点。"星云大师说："做人，就是需要终身学习，而且永远毕不了业的一门课程。"

我们销售人员天天跟人打交道，我们要终身学习，永远毕不了业。

销售行业是一个需要终身学习的行业。所以，成交高手的自我修炼，有 5 个方面非常重要。

自　燃

日本著名企业家稻盛和夫，白手起家，一生创立了两家世界 500 强的公司，世人向他寻求成功之道时，他说了一段话："物有可燃物、不燃物、自燃物，人有可燃之人、不燃之人和自燃之人。我不过选择做了一个自燃之人。"

工作也好，生活也罢，能够成为自燃之人必定是最好的，既成就了自己，又成全了他人。

我觉得我也是自燃型的人。在困难的时候，特别是压力大的时候，这种不畏艰苦的精神就能体现出来。我于 2002 年 8 月 23 日进入保险业，当时我生意破产，负债近 20 万元，财务压力和心理压力都非常大，我连进保险公司要交的 500 元押金都是找朋友借的，特别是 2003—2004 年，我克服了常人无法想象的困难：没钱坐公交、没钱交房租、没钱吃饭，连我爱人去医院生小孩都没钱交住院费用。很多朋友都很好奇：生活那么困难，你是怎么坚持走过来的？答案就是自燃，我坚信，只要思想不滑坡，方法总比困难多。在最困难的前两年，很多时候我都含着眼泪奔跑。我坚信，苦心人天不负，有志者事竟成！我坚信，打不死我的困境终将使我更加强大！

自　律

优秀的人，无论环境多宽裕，多舒适，都会对自己有所要求，时刻保持着一种自律的气质。越优秀的人越自律，越努力就越幸运！自律的生活看似很难，但其实很简单。不要考虑将来会怎样，而是要把握现在，去做自己想做的。

销售是一个结果导向的职业，同时又是一个时间相对自由的职业，所以特别需要自律，一个人不自律，是不可能在销售行业做出好成绩来的。

销售是非现场管理，他律力很弱，对于销售人员来说自律是最关键的。

自律的核心是做好时间管理。

> 案例　有效的一周工作时间安排——解码陈玉婷的寿险销售之路

台湾保德信人寿的首席寿险顾问陈玉婷在世界保险界赫赫有名，自1992年5月加入保德信人寿开始，每星期成交3张以上保单,被业界称作"小太阳陈玉婷"。

20多年如一日,每星期3张单,一个月12张单,成交量非常高。

时间管理、严格自律、尽最大努力增加活动量,是陈玉婷决胜的关键。

陈玉婷有一个时间管理表格,把时间分成黄色、蓝色、红色、绿色等不同颜色。比如,红色是工作时间,热情似火;绿色是家庭时间,是温馨的时间;黄色是整理一些记录的时间,因为她每天都要记笔记,寻求客户转介绍;蓝色是会议的时间。这样,就把时间分得非常清楚,每天什么时间点做什么事情,像苦行僧一般地坚守,非常自律。

陈玉婷还有一个时间管理的小秘诀:因为各种干扰导致的延误或错过的时间,需要尽快找时间弥补回来,必要时牺牲假日及休息时间;每一个时间点都要让经济效益发挥到最大。

假使一个星期即将接近尾声,还无法完成一件保单,怎么办?陈玉婷的解决方案是:尽最大努力增加活动量。她说,除了增加活动量,没有别的办法。如果一个星期过去三四天还没有成交一份保单,就必须加倍放大活动量。她曾有过这样的经历,有一个星期,在星期五之前,一单都没有签成,她都快急疯了。于是,星期六和星期日,她立刻安排与6位客户见面,并送出建议书,一个星期送了30份建议书,终于在星期日下午,有一位客户为一家人签了三张单。因此她说,业务员只要走出去,努力约访,机会就隐藏在活动量之中。

自律的人,会不断地对自己提要求,不断地践行这些要求,其核心是时间管理。

> **案例　我的一周时间管理**

学习的最佳捷径就是模仿最优秀的人,特别是同行里最优秀的人。学以致用才是学习的最高境界,我也把我一个星期的时间分成五大模块:

(1)学习运动时间:每天早上6:30—7:30是运动和学习时间,在这个时间段我会慢跑5公里,并听1小时专业类课程,因为早上安静,不受打扰。另外,在每天开车的时间里,我选择听书,主要是听樊登读书和喜马拉雅的内容。在开通樊登读书会员的一年时间里,我听了154本书,我的目标是把自己打造成T型人才。

(2)会议和面谈时间:每天8:30—12:00,我要参加各类业务会议,跟团队主管及骨干一对一面谈,面谈也是辅导的最佳形式。在保险公司任职的18年来,我没有请过一天假。自律,是对自己的工作有敬畏心。

(3)拜访客户和招募时间:每天14:00—22:00,是拜访客户和招募时间(我的身份是代理人,我是业务总监,招募新的代理人是我日常工作中很关键的部分）。

（4）整理档案和日记时间：每天22：00—23：00。每天的记录、反思、总结及计划是一个优秀销售人员必须完成的工作，没有这个环节，销售人员的进步就会变得很慢。

（5）家庭时间：每个星期六和星期日上午是我的家庭时间，我会提前安排好家庭时间，共享天伦之乐（因为工作原因，我星期六或星期日下午都有固定时间要去授课）。

日复一日，年复一年，我都在重复这些模块，所以18年来，我从一名普通业务人员成长为一名成功的销售人员，成为别人眼里的成功人士。

每个优秀的销售人员都有一套固定、高效的工作模式。一是固定，就是什么时间做什么事情，一定要提前规划好，并不断调整，形成固定模式；二是高效，要有当下思维，全力以赴做好固定模块里的事，这样才能高效。

请你问问自己：我形成一套属于自己的"固定、高效的工作模式"了吗？

自　强

周星驰说："做人如果没有梦想，跟咸鱼有什么分别？"人跟其他动物最大的区别就是人是有梦想的。梦想很丰满，但现实很骨感，所以我们就需要用目标把这些骨感的过程做成一个阶段性的里程碑，这个在奋斗中实现一个又一个目标的过程，就是自强的过程。

拿破仑·希尔总结了一个关于成功的公式：成功＝目标。确实，没有目标的人是不可能成就事业的，没有目标的人永远都在给有目标的人打工。

我就是一个典型的目标导向的人，我会制定清晰的长、中、短期目标，并附上达成目标的措施。我们身边很多销售人员属于方案导向型，这个月有方案：有奖励就出两张单，没奖励就不动。方案导向型销售人员为竞赛而做，追求的是外在的形式，他没有在工作中找到真正的乐趣，缺乏持续的内驱力，这样工作就很难有大的成绩。销售高手工作的乐趣不是奖品，而是实现自己制定的目标，从工作的本身中找到乐趣，才是真正的乐趣。

销售高手都是有使命的，为钱工作容易累，为目标工作耐风寒，为使命工作永不倦怠。所以我从来没有觉得工作累，我觉得困难就像磨刀石——一个不断提升和改善自我的工具，让我这把刀磨得越来越亮。有一首歌叫《读你》，其中有一句歌词是"读你的感觉像春天"，我把它改成"拒绝的感觉像春天"，这就是我对困难和挫折的态度。

我在保险公司6个月才转正，这意味着我在保险公司的前6

个月才挣了 3 000 元提成，这个成绩是很糟糕的，但是我在转正后就制定了晋升营业部经理的目标。晋升营业部经理是非常困难的一件事情，当时平安人寿深圳分公司只有 20 多个营业部经理，当我制定这个目标后，好多同事都笑话我，结果 4 年后我就晋升了营业部经理。之后我又制定了三年晋升业务总监的目标，当时整个平安人寿深圳分公司只有一个总监，所有人都认为我不可能做到，业务总监是平安寿险代理人队伍中职位最高的业务长官，是很多代理人一生奋斗的目标，结果三年后，我顺利晋升，成为全国最快晋升业务总监的代理人。

哈佛大学曾经做过一个关于目标的调研，调研结果显示，在一群毕业的学生中，有清晰而明确的目标的人，最后都成了社会精英；那些没有目标、随波逐流的人，活在社会的最底层。目标代表什么？我觉得就是欲望——成功的欲望或者野心。你的成就是不可能超越你的梦想的，你外在的成就是不可能超过你内心的欲望的，所以目标一定要大，"取法于上，仅得为中，取法于中，故为其下"，取法于下，就没有了。

乔布斯说："不被别人嘲笑的梦想不值得追求！"不断制定高目标，不断挑战，达成目标，这就是一个销售人员自强的过程！18 年来，我的团队先后培养了深圳分公司的寿险冠军、产险冠军、银行冠军、信用卡冠军、证券业务冠军。平安人寿深圳分公司有 4 万保险代理人，为什么他们可以成为冠军？高目标和团队自强不息、勇攀高峰的文化是产生冠军的土壤。

自　信

"自信人生二百年，会当水击三千里。"

自信，就是相信行业、相信公司，相信自己。

相信行业，就是客观地分析行业，对行业的前景做前瞻性的预判，而非盲目忠诚。举个例子：新冠肺炎疫情期间，各行各业都受到了较大影响，这个时候，你对行业的未来的看法能影响你工作的动力。

表6-1　受新冠肺炎疫情冲击最大的十大行业

电影行业	无人消费的电影春节档，全产业链均遭受严重打击。《囧妈》放映模式跨过院线和影院，是否会引发行业模式洗牌，有待探索
餐饮行业	餐饮行业损失惨重。大量餐厅把备菜存货拿出来低价甩卖，服务员担任物流工作，新的业态或将出现，但是行业损失依旧严重
旅游行业	旅游行业错失春节黄金周，从产业链可以预判，相关中小从业者损失惨重
酒店行业	根据新冠肺炎传播特点，存在单体酒店抗风险能力差被淘汰、高星酒店空置率高、成本无法弥补的打击
交通运输	交运行业出行人次减少约七成。线下的陆路、海路和航运都受到较大影响，携程、去哪儿网、网约车平台等与交运有紧密利益相关的线上平台也受到波及

续表

汽车行业	汽车行业将承受巨大压力。短期生产受阻,国内产业链和世界产业链供应受阻,4S 店活动难以开展、营销不畅通。短期下行,或将在中长期有所好转
石油行业	受疫情影响,中国作为全球最大的石油进口和消费国,石油需求锐减,直接导致国际油价大跌。石油行业作为交通运输的产业链中的一环,其库存在不断拉高,其价格有长期走低的风险
建筑业、房地产业	建筑业停工、房地产业暂停销售活动,短期线上售楼成为主要手段,但是推广引流的作用尚待观察。高负债房企将承受巨大资金链压力。预计疫情后,若非大面积政策松动,中小房企将遭受巨大冲击,大型房企有区域性低价甩房的可能
金融行业	金融业受到波及,市场避险将对金融业产生巨大的打击。金融业在后续可能因不良率上升、证券交易量下降受损
农林牧渔行业	农林牧渔行业中的家禽养殖,一方面物流受阻导致饲料运输成本大大提高,另一方面活禽屠宰、买卖受限,生产和销售两端受到双重挤压

注:受新冠肺炎疫情冲击最大的行业有如下特点:一是劳动密集的生产和服务行业;二是进出口贸易依赖型行业;三是需要客户实地参与的行业。

相信公司。扪心自问,在困难的时候,你还相信你的公司吗?

相信自己。自己创业也是一样,而且要相信自己的团队。经常会有人说自己跟成功没有缘分,我觉得相信就是缘分。这个相信是百分之百的相信,不是说我好的时候就信,我不好的时候就不信,那不叫真正的相信。结婚的时候,主持人会问新娘:"你愿意嫁给他吗?"新娘会回答:"愿意。"主持人会继续问:"无论富有还是贫穷、健康还是病痛,你都愿意不离不弃吗?"新娘会回答:"我愿意。"这就是结婚的诺言。但是很多人没有去兑现诺言,在对方生病或贫穷的时候离开了对方,这个时候他选择了不相信。所以我认为,相信就是缘分,相信这个男人,你就会嫁给他,你觉得会一辈子幸福,你就会嫁给他,如果你不相信,你就没有动力。

自 学

我们必须具备成长型思维

成功只是一个结果,而成长是一个过程,成长比成功更重要。所有事,都重在过程中学到了什么,在学习中获得成长。

成功是一个人的目标,成长是达到目标的道路。我们应该做的,只是去做,去感受成长,通过成长获取经验、方法、教训,最重要的是锻炼自己。

一个结果是下一个成长的开端,它本身就包含在生命的成长之中,重要的是我们体验了奋斗的艰辛,体验了努力拼搏后成功的喜悦,体验了多姿多彩的人生。体验是一种成长,生命是一种成长。结果在远方,成长在路上。

所以我们必须具备成长型思维。

有些人的思维模式是固定型的，这类人过着重复的生活，用一成不变的眼光和思维，每天重复地做着同样的事，认为这个也不行那个也不行。这些人一面厌倦着这种重复，渴望改变和成长，另一面又对改变充满抗拒。

固定型思维模式者认为，聪明、才智等能力是天生的，后天无法改变。他们认为，一次考试失利、输掉一场比赛、被拒绝等，都意味着自己是失败者，不具有这方面的天赋。他们不会从失败中学习并纠正自己，相反，他们可能只是去尝试着修复自尊，不愿意面对挑战。

但有些人的思维模式是成长型的。他们认为，天赋只是起点，人的聪明才智可以通过锻炼来提高，只要努力就可以做得更好。成功来源于尽自己的最大努力做事，来源于学习和自我提高。哪怕碰到困难和挫折，他们也觉得是正常的，把挫折和挑战看作提高自己的机会，不断改善和进步。他们选择用积极的、主动的态度去拥抱。所以，他们能够积极地探索方法——我应该怎么去做，同时相信自己。

人的一生无法重来，每一天都无比珍贵，用成长型思维和这个世界相处，每天都会变得更有意义一些。

优秀的人都是自己培养自己

自学能力是一个人在激烈社会竞争中胜出的关键，优秀的人都是自己培养自己!

我高中毕业后就踏入了社会,做过保安、普工,摆过地摊,三年后重返学校读书,用一年时间考上了大学。这段经历对我一生影响深远,因为这段时间我培养了自己的自学能力。

在平安工作的 18 年,我自考了本科,还读了硕士和博士,在平安工作的 18 年是我自学成才的 18 年。

参加工作以来,我每年阅读的书都在 100 本以上。在没有樊登读书、喜马拉雅这些听书的 App 的时候,我就买书看。在这个日新月异的时代,如果毕业后一段时间内不学习,就会落伍。

腹有诗书气自华。持之以恒的读书学习,会让自己感受到源源不断的自信和智慧从心底里出来。现在,我的客户和朋友都叫我杨老师,他们都很期待和我交谈,我也经常被客户邀请去企业授课。大家思考一下,如果客户尊重你,那么签单还难吗?

自学不仅仅要向书本学。作为销售人员,最有效的学习方法就是向市场学、向客户学。我反复对销售人员说:"市场是最好的学堂,客户是最好的老师。"

例如,我每次去时代伯乐公司蒋国云先生那里,都能学到很多东西,我每次都带着问题去请教。有一次,他要去见客户,谈一个投资项目,我问他能不能带上我去学习一下,他说没问题。谈判持续了 40 来分钟,整个过程我都在认真学习,他谈判的逻辑让我终身受益。

蒋先生跟项目老板沟通"三种钱"的逻辑对我启发很大。他说，市面上有三种钱，您选哪一种：

第一种钱是煤矿、房地产等行业老板的钱。他们只负责按市场估值给你投资，其他的什么都给不了。

第二种钱是专业投资机构的钱，它和第一种钱一样，给你公司同样的估值，但这些专业机构能协助你搞好企业内部管理，并协助你整合上下游供应链资源。如果现在这两种钱摆在你的面前，你选择哪一种钱？毫无疑问，项目公司会选择第二种钱。

第三种钱是品牌专业投资机构的钱，覆盖了第二种钱的所有功能，同时机构成功辅导了多家企业上市，在公司上市方面积累了丰富的案例和经验。现在这三种钱都来到了你身边，你选择哪一种？毫无疑问，项目公司会选第三种钱。

蒋先生说："我们就是第三种钱。"

所以，我们常说选择比努力更重要。

他简单明了地把自己的投资机构的优势凸显出来。这就是高明的推销员、成交高手。不是"要不要成交"，而是"你会追着我成交"，项目会主动找上门来成交。他现在所做的产业基金都是跟政府合作的，在江苏、深圳、湖南，有很多地方政府主动找上门来跟他合作，他是被客户追着来成交的。为什么？第一，他告诉别人他的钱是哪一种钱；第二，他确实做出成果来了，在过去5年里没有一条亏损记录。

第六章 成交是人生最深刻的修行 | 201

人生是一个不断修行的过程

人生是一个不断修行的过程。稻盛和夫说，工作是最好的修行，工作也是最好的养生。有人问年近九旬的稻盛和夫："您的状态那么好，是怎么养生的？"稻盛和夫说："工作是最好的养生。"也有很多人经常问我："杨总，您这么忙，状态怎么那么好？您是怎么保持年轻状态的？"对于我来说，工作就是最好的养生。工作的时候我就忘记了自己的年龄，每天像小伙子一样充满了热情，充满了劲头。

稻盛和夫说："人生就是不断的修行，希望我们离开这个世界的时候，我们的灵魂比我们来的时候更高级一些。"这位创办了两家世界500强公司的老人，一年里面会拿出几天的时间去乞讨，去感受人间疾苦。托钵要饭是一种什么境界？这就是对自己的灵魂的磨炼，让自己的灵魂变得更高级、更纯粹。

真正的高手越来越纯粹，手中无刀，心中也无刀，一切以有利于众生为准则。当进入利他和无我的境界时，成交就到了一种艺术的状态，那是多么美妙的一种状态啊！所以我讲，成交是人生最深刻的修行。

结语

不被嘲笑的梦想不值得追求

初入保险业时，我的业绩很低迷，收入几乎为零，连坐公交、吃饭都成了很大的问题。夏天只有一件白衬衫，晚上洗了白天接着穿，连皮鞋都是在人行天桥上买的二手皮鞋，我嘲笑自己是真正的三无人员：无金钱、无人脉、无学历。但我有一个天大的梦想！

2003年2月，我写下了我的梦想清单：5年之内晋升营业部经理，8年之内晋升总监，写50本关于销售的书，拍一部关于推销员的电影，建一个世界保险名人博物馆，并立誓要为所有的销售人员赋能。

当我从转正班学成归来，公布我的梦想的时候，几乎所有同事都嘲笑我。因为很多人入司一天就转正了，而我用了6个月。晋升经理在当时被形容为比登天还难，只有真正卓越杰出的人，才配拥有这个梦想，而升总监就更难了。当时深圳公司几千人还没有产生一个总监，所以大家认为我不配拥有这个梦想。后来听同事们讲，当我说出这个梦想时，很多人都认为我脑子有病，不太正常。王健林先生认为，正常的人是不会获得大成功的，凡是成功的企业家都是接近"精神病"的人！所以，一个真正想成功的人，想法跟大多数人不一样，是正常的！

有目标，老天爷都会帮你。经过5个月的拼搏，我晋升主管，成为团队中晋升最快的主任。但事业并非一帆风顺，一年后，由于各种原因，我因团队人员减少，达不到主任考核要求而被降级，再次成为大家饭后的谈资。

一直在拼搏，一直被怀疑。但天道酬勤，苦心人天不负。2007年，我晋升经理，2010年，我晋升总监，成为当时全国晋升最快的总监。2012年，我出了第一本书《保险销售就这么简单》，成为中国保险业第一个出书的人，到现在本书已印刷30多次，成为保险业新人必读的一本书。目前，我已出版6本书，这本新书《成交的艺术》即将出版，响华销售课堂也已开始运行，旨在为所有的销售人员赋能。以我为原型的电影剧本《数纽扣的人》也已通过初审。这部电影旨在宣传推销员的精神。

我坚信，推销员是推动社会进步的重要力量！我希望将自己的所学、所思、所悟整理出来，奉献给整个销售界。立功、立德、立言是我追求的目标！人不仅仅为了吃饭而活着，不被嘲笑的梦想不值得追求！